ANDAIMES DO REAL:
PSICANÁLISE DA CRENÇA

Fabio Herrmann

Colaboradores
Leda Herrmann
Leda Maria Codeço Barone
Luciana Estefano Saddi
Magda Guimarães Khouri

Andaimes do Real:
Psicanálise da Crença

Teoria dos Campos
Coleção Psicanalítica
Dirigida por Fabio Herrmann

© 2006 Casa Psi Livraria, Editora e Gráfica Ltda.
É proibida a reprodução total ou parcial desta publicação, para qualquer finalidade, sem autorização por escrito dos editores.

1ª Edição Artes Médicas
1998

2ª Edição Casa do Psicólogo
2006

Editores
Ingo Bernd Güntert e Christiane Gradvohl Colas

Editora Assistente
Aparecida Ferraz

Produção Gráfica, Editoração Eletrônica & Capa
Renata Vieira Nunes

Imagem da Capa
Fabio Herrmann

Revisão
Eduardo Moreira

Dados Internacionais de Catalogação na Publicação (CIP)
(Câmara Brasileira do Livro, SP, Brasil)

Herrmann, Fabio
Andaimes do real: psicanálise da crença / Fabio Herrmann; colaboradores Leda Herrmann... [et al.] — São Paulo: Casa do Psicólogo®, 2006. — (Teoria dos campos. Coleção psicanalítica/dirigida por Fabio Herrmann)

Outros colaboradores: Leda Maria Codeço Barone, Luciana Estefano Saddi, Magda Gumarães Khouri.
Bibliografia.
ISBN 85-7396-475-8

1. Crença e dúvida 2. Psicanálise 3. Psicanálise – Teoria, métodos etc. 4. Psicologia clínica 5. Psicologia social I. Herrmann, Leda. II. Barone, Leda Maria Codeço III. Saddi, Luciana Estefano IV. Khouri, Magda Guimarães V. Título. VI. Série.

06-5614   CDD-150.195

Índices para catálogo sistemático:
1. Crença: Teoria dos campos: Psicanálise: Psicologia   150.195
1. Psicanálise da crença: Teoria dos campos: Psicologia   150.195

Impresso no Brasil
Printed in Brazil

Reservados todos os direitos de publicação em língua portuguesa à

Casa Psi Livraria, Editora e Gráfica Ltda.
Rua Santo Antonio, 1010 Jardim México 13253-400 Itatiba/SP Brasil
Tel.: (11) 45246997 Site: www.casadopsicologo.com.br

All Books Casa do Psicólogo®
Rua Simão Álvares, 1020 Vila Madalena 05417-030 São Paulo/SP Brasil
Tel.: (11) 3034.3600 E-mail: casadopsicologo@casadopsicologo.com.br

SUMÁRIO

PREFÁCIO À SEGUNDA EDIÇÃO 7

NOTA INTRODUTÓRIA 13

Prólogo
O ESCUDO DE AQUILES:
    SOBRE A FUNÇÃO DEFENSIVA DA REPRESENTAÇÃO 15

Capítulo I
INTUIÇÃO PRELIMINAR DA CRENÇA 27

Capítulo II
ENSAIO SOBRE A CRENÇA NO SISTEMA CAMPO-RELAÇÃO 75

Capítulo III
A CRENÇA ABSURDA 125

Conclusão
SOBRE A CLÍNICA DA CRENÇA 173

Prefácio à Segunda Edição

É esta a primeira vez que os três volumes de *Andaimes do Real* aparecem em conjunto, pela mesma editora. O primeiro volume, sobre o método da Psicanálise, foi originalmente publicado em 1979, o segundo, sobre a psicanálise do quotidiano, em 1985 e este, o terceiro, em 1998. Estando agora reunidos nesta edição da Casa do Psicólogo, penso que se justificam umas quantas linhas de explicação sobre a obra.

Em primeiro lugar o título. *Andaimes do Real* alude à construção da vida humana, que considero ser o real, no sentido próprio do termo. Distingo-o da realidade, que vem a ser a representação que temos do mundo, dos outros, de nós mesmos em meio a estes. Já o real não se representa, é o estrato produtor do humano, do sujeito individual, da coletividade, da cultura. É o que somos, enquanto produção constante, não como produto acabado, e é a produção de nosso mundo por sua psique em ação concreta. Não a materialidade das coisas, não a idéia das coisas, mas a criação ininterrupta do humano, no sujeito e nas coisas que lhe dizem respeito.

Dito isso, compreendido que o real é interioridade produtiva, cabe acrescentar que a palavra forte do título muito provavelmente é *Andaimes*. Os andaimes de uma construção são bastante reais; não obstante nenhum edifício que se preze ostenta-os depois de terminado. Os andaimes têm a forma aproximada do prédio a construir, por eles circulam os operários, a obra realiza-se por meio dos andaimes, que em seguida se desmontam e se esquecem: toda obra nega sua edificação — talvez se pudesse até mesmo afirmar que uma obra nada mais é que o disfarce de sua produção. Uma obra literária tem também seus "andaimes", como os tem uma peça ou um filme, uma festa ou uma aula, também, como aprendemos de Freud, uma neurose bem acabada ou a própria civilização. Em conjunção com *real, andaimes* indica que o estrato produtor de nossa existência psíquica, individual e social não se consegue encontrar em lugar algum do edifício, por mais fundo que se cave, ainda que até os próprios alicerces, porque está em toda parte por igual, no avesso da superfície, na anti-matéria de cada átomo, por assim dizer. Tudo o que a Psicanálise pode ambicionar com legitimidade, portanto, é resgatar momentos da construção da vida humana, representados pelos andaimes que não se removeram a tempo: atos falhos, sintomas neuróticos, sonhos, delírios, bem como ideologias, fenômenos denunciadores e demais sintomas sociais, todos testemunham a paciente construção do real humano, ao qual, quando acabado, disfarçado pela rotina, representado pelo consenso, chamamos *realidade.*

Como se pode notar, o título já implica o esboço de um programa para a Psicanálise. É o mais simples de todos, de todos é o mais difícil de compreender, como o são as coisas verdadeiramente simples. Em lugar algum da psique encontra-se o estrato produtor, o inconsciente, pois ele é a própria psique, vista ao revés. Isto é simples, epistemologicamente falando, mas, como não pode ser intuído em absoluto, é dificílimo para o analista que exige uma imagem fácil, como a de um departamento inconsciente, uma segunda consciência, uma coletânea de motivos inconscientes, uma ontogênese explicativa, um aparelho psíquico, uma metapsicologia no melhor dos casos. O programa proposto pelo título *Andaimes do Real,* ao contrário, diz respeito aos flagrantes minúsculos do trabalho de construção que podemos vislumbrar em qualquer condição de vida, sem se comprometer com determinar o *locus* fantasioso de sua ação. Há um edifício, a vida humana, sua construção entremostra-se brevemente nas sombras dos andaimes — ou restos casuais esquecidos pelos construtores —, destas deduzimos por aproximação um projeto, um desenho, uma planta, o real e, aquele quantum de real seqüestrado no interior do sujeito, o desejo. Excluo as hipóteses acrobáticas sobre o psiquismo que se propõem a transformar os andaimes em realidade — do reconhecimento do desconhecimento nasce o saber possível, na Psicanálise, como em qualquer outra ciência ou arte.

Esse programa de modéstia epistemológica desdobra-se em três momentos, correspondendo a cada um dos livros de *Andaimes do Real*. O primeiro, *O Método da Psicanálise*, trata da clínica psicanalítica. A clínica é a parte mais importante da Psicanálise, não só porque dela vivem os analistas, mas em razão de a clínica se haver constituído no receptáculo e esconderijo do método psicanalítico. Aquilo que Freud descobriu, ele o figurou de diferentes maneiras: como teoria geral do psiquismo, como teoria da cultura, como ficção arqueológica e histórica, como regras para o tratamento das neuroses, como movimento militante etc. Sua operação essencial de elucidação do sentido humano está sugerida em todas elas, mas só prosperou verdadeiramente na clínica. Contudo, a prosperidade da clínica veio a ocultar o método que a nutre, a Psicanálise com isso se reduziu a uma ciência da terapia analítica ou, a menos que a uma ciência, a uma práxis, ficando o método soterrado sob camadas de teorias do psiquismo, máquina abstrata, e de técnica pragmática de tratamento. Impunha-se resgatar o método de onde estava guardado e escondido. A isto foi dedicado o primeiro volume de *Andaimes do Real*. *O Método da Psicanálise* é um ensaio de epistemologia interna da clínica sumamente paradoxal, pois emprega o método para resgatar o método, o que cheira a tautologia. O que se descobre, porém, salva do paradoxo. É que o método da Psicanálise não é outra coisa senão a crise do conhecimento, a explosão controlada de uma área de saber pessoal ou codificada, a quebra do conhecido que libera o desconhecido sob forma de vórtice, espiral em rodopio de possíveis, resultante da desagregação provisória do campo, ou inconsciente, da neurose, ou do campo do conhecimento do analista. *O Método da Psicanálise* é uma investigação epistemológica que emprega o método clínico, partindo da constatação de ser o conhecimento, o psicanalítico pelo menos, o equivalente de uma configuração psicopatológica, um campo a romper. Em suma, no volume primeiro chegamos, através da depuração da clínica, a um método que não recusaria o nome de filosofia, filosofia clínica, evidentemente.

Se o livro primeiro é um mergulho na clínica, recheado de casos e de reflexões sobre a técnica, precisamente para diferenciá-la do método, o segundo, *Psicanálise do Quotidiano*, já se pode valer do método psicanalítico em estado quase puro para mergulhar na vida quotidiana. Sua elaboração segue um procedimento bastante diferente do anterior. A busca do método valera-se de uma peneira ou de um filtro para analisar a clínica; o livro segundo procede por construção, partindo dos requisitos que exige o método depurado para aplicar-se ao mundo, seguindo por quotidianos muito simples e esquemáticos, caso dos apólogos bíblicos e das histórias de fadas, a fim de chegar gradualmente aos mais complexos, como os campos dominantes em nossa vida pessoal e social, dos sentimentos à política. Seu projeto é ambicioso, elucidar o real quotidiano, mas não seria ambicioso e sim tresloucado se pretendesse ser sistemático e completo. Mas não pretende. Em momento algum perde-se de vista seu caráter de experimento com o método psicanalítico; mais importante até que as conclusões sobre o mundo do dia a dia é a avaliação prática do alcance do método interpretativo fora do consultório e fora da teoria do psiquismo. E parece que ele dá conta do recado, como, aliás, Freud já o mostrara em seus ensaios culturais. Voltando ao procedimento freudiano, portanto, procuro delimitar em linhas gerais aquilo que é permitido ver e o que deve ficar oculto no quotidiano, oculto por um função da psique do real chamada *rotina*. Realizo algumas prospecções no terreno da educação para a identidade individual, outras, na organização do mundo em que vivemos, enquanto ação e pensamento, outras ainda, nalguns sentimentos pouco mencionados nos textos psicanalíticos, saudade, teimosia, dor-de-cotovelo. Com isso, em primeiro lugar, testa-se o método psicanalítico, generalizado para lá de sua dimensão de técnica terapêutica, mas também se esclarece, acredito, a distinção entre realidade e real, entre identidade e desejo, do que resulta um quadro mínimo da constituição do quotidiano dos homens, que pede futuros, e alheios, desenvolvimentos.

Essa aplicação do método psicanalítico ao quotidiano, enquanto "filosofia clínica", encontra no presente livro, o terceiro e último da série dos *Andaimes do Real*, um desenvolvimento pontual. Trata-se agora de investigar uma só função psíquica, responsável por garantir as representações, vale dizer, manter aberta e segura a via de passagem do real à realidade e do desejo à identidade. Essa função, a que chamo *crença*, não se preocupa maiormente com o valor de verdade de uma representação ideativo-emocional, com sua "realidade", em termos correntes; interessa-lhe tão-só garantir a *superfície representacional*, esse amplo painel a que chamamos espaço e tempo, identidade e realidade, gente e coisa, eu e outro etc. Numa palavra, não creio porque é verdade, é verdade porque creio. Isso, todos sabemos, isso, todos negamos saber. Se a rotina torna as coisas adequadas a nós, esconde, maquia, arruma percepções e concepções, se as socializa e cria consenso, a crença é seu correlato na intimidade do sujeito: opera, ajustando identidade a realidade, de forma a apoiar uma na outra: se duvidasse seriamente de minha realidade, perderia minha identidade, a faculdade de ser igual a mim ao longo do tempo. Por *crença* entendo a função, não seu conteúdo eventual, como quando dizemos crença nisto ou naquilo, em Deus ou num partido, na psicanálise ou nas neurociências, no pai ou na mãe. Conservar sempre em mente a idéia de função contra a de conteúdo é a condição, porventura árdua, para a leitura deste livro. Por que é tão essencial a noção de *função da crença* para a Psicanálise? Porque permite compreender a organização da consciência, tão falsa quanto verdadeira, a verdade possível. As operações da crença na organização da consciência resultam naquilo que a Psicanálise costuma traduzir por *projeção*, por *negação*, por *repressão*, por *racionalização* etc., pelo elenco inteiro dos mecanismos de defesa. Com efeito, todos os processos defensivos da Psicanálise podem traduzir-se também em termos de *função da crença*, muito embora contenham igualmente hipóteses sobre a origem psíquica que a ultrapassam. A noção de crença é uma espécie de crivo: aquilo que explica dispensa outras explicações, aquilo que não explica, como a lógica de produção do pensamento, pede teorias mais profundas, menos evidentes. A crença não pinta o quadro, é o verniz que o mantém incólume. É importante, mas não é tudo.

Por conseqüência, o procedimento deste livro, *Psicanálise da Crença*, não é o da filtragem, como no livro primeiro, nem o da construção, como no segundo. É antes uma prática filosófica, muito limitada, que se aplica ao pensar. Busca primeiro intuir, no sentido da Fenomenologia, a atividade da função a que está dedicado, para depois analisar seus elementos, deduzir sua natureza das condições que a dispensam — por exemplo, onde há o corpo a crença não é demandada —, para desembocar no Santo dos Santos da operação clínico-filosófica, na psicopatologia e tratamento do delírio pela palavra — pedra de toque, da qual não se pode furtar qualquer metafísica concebível, ou inclusive a negação da metafísica. Camus, cuja idéia do absurdo inspirou diversas páginas de *Andaimes do Real*, acreditava ser *o suicídio a única questão filosófica séria* — estava errado, o delírio é um problema ainda maior para a filosofia, uma vez que cada sistema filosófico deve, antes do mais, provar que não é um sistema delirante. *Psicanálise da Crença* aponta para o delírio, avança sua teoria, mas não o soluciona, como é evidente. Na tentativa, porém, ilumina de través o que significa pensar.

Fabio Herrmann
2005

Nota Introdutória

A publicação deste volume completa a exposição dos fundamentos da Teoria dos Campos, desdobrada em três livros: *O Método da Psicanálise*, *Psicanálise do Quotidiano* e a presente *Psicanálise da Crença*. Este é um ensaio monográfico sobre a função psíquica — que denomino *"crença"* — responsável pela sustentação das representações. É também um exercício metodológico: procuro aqui estabelecer a utilidade da recuperação crítica do método da psicanálise, exposta no primeiro livro mencionado e utilizada, no segundo, como instrumento para várias prospecções no terreno complexo do quotidiano, agora posta em ação com o fito de introduzir um novo conceito psicanalítico, o de *crença*.

Por isso, abundam no texto as referências ao *Método* e ao *Quotidiano*. Fragmentos deste livro, ainda inédito, foram usados aliás, com maiores ou menores modificações, noutras publicações que entrementes apareceram, cumprindo ressaltar, em especial, o desenvolvimento de *O Escudo de Aquiles* — que figura aqui a título de Prólogo, função para a qual fora originalmente concebido —, na Segunda Parte de *O Divã a Passeio*, e de um dos itens do estudo sobre a clínica da crença

14   Fabio Herrmann

que conclui este livro, no capítulo 8 de *Clínica Psicanalítica, A Arte da Interpretação.*[1] Os muitos anos decorridos entre a publicação inicial do livro sobre o *Método da Psicanálise*, em 79, e este, forçaram-me a reescrever os dois primeiros livros e a modificar constantemente o texto deste último, que, entretanto, conserva seu objetivo original: a investigação da função psíquica da *crença*, como contribuição ao estudo psicanalítico da psicose.

---

1. Os livros mencionados acima são os seguintes: *Andaimes do Real: O Método da Psicanálise*, Casa do Psicólogo, 3ª edição, 2001; *Andaimes do Real: Psicanálise do Quotidiano*, Casa do Psicólogo, 3ª edição, 2001; *Clínica Psicanalítica: A Arte da Interpretação*, Casa do Psicólogo, 3ª edição, 2003; *O Divã a Passeio: À procura da Psicanálise Onde não Parece Estar*, Casa do Psicólogo, 2ª edição, 2001.

Prólogo
O Escudo de Aquiles:
Sobre a Função Defensiva da
Representação[2]

1

Conta Homero[3] que, ao ter notícia da morte de Pátroclo, o mais querido de seus companheiros, Aquiles deixou escapar tal brado de

---

2. O presente ensaio foi ideado inicialmente como pórtico deste livro, *Andaimes do Real: Psicanálise da Crença*. Um tanto ampliado, apresentei-o ao XXXV Congresso da Associação Psicanalítica Internacional, Montreal, 1987. Posteriormente, serviu de base para um desenvolvimento ainda mais amplo que, considerando a função defensiva da representação, amplia os sentidos da dimensão metapsicológica da Psicanálise, publicado em *O Divã a Passeio: À Procura da Psicanálise Onde não Parece Estar*. Restituído agora à sua função e dimensão originais, introduz aqui o problema central que este livro procura responder, a saber, o papel defensivo da superfície representacional, em cujo cumprimento trabalha a função psíquica a que chamo *crença*.

3. Edições utilizadas: Homero, *The Iliad*, trad. E. V. Rieu, Penguin Classics, Harmondsworth,

dor que sua mãe, Thétis, escutou-o no fundo do oceano. Vindo em consolo do filho, a deusa de argênteos pés obteve de Hefesto (Vulcano), em reposição das armas que Aquiles perdera com o amigo, outras ainda mais suntuosas, como nenhum mortal jamais envergou. No escudo de cinco camadas, o deus ferreiro gravou primeiramente a Terra, o Céu, o Mar, o Sol e todas as Constelações. Ornou-o em seguida com o desenho de duas cidades, uma em paz, exibindo várias cenas urbanas — casamento, juízo etc., a outra sitiada, onde se desdobravam os lances de violenta luta, cuja perfeita figuração reproduzia em pormenor as vestes mesmas dos inúmeros soldados. Acrescentou então *"um campo a receber sua terceira arada"*, *"um reino e seu rei"*, *"uma vinha carregada durante a colheita"*, *"um rebanho bovino atacado por leões"*, *"outro de carneiros"*, *uma espaçosa pista de dança, animada por dançarinos em meio à multidão, dois acrobatas e um menestrel cantando divinamente à lira"*. Por fim, cercou a orla do escudo com as poderosas correntes do Oceano.

Essa meticulosa peça descritiva, Homero interpola-a no momento crucial da *Ilíada*, quando Aquiles decide voltar à luta. Para o leitor moderno, soa estranha a quebra de tensão, como se fora um capricho virtuosístico do poeta. Talvez o seja, e dos melhores que a literatura universal registra, mas decerto desempenha também outro papel muito mais importante. Lançando-se ao calor da batalha, os heróis são tomados de fúria ensandecida, como *"a mosca que, provando o sangue humano, retorna ao ataque tantas vezes quantas seja afugentada"*. É assim que Menelau combate, enfurecido pela coragem da mosca, que lhe infundira Atenas. Eles deitam mãos aos cadáveres, disputam-nos com as mãos nuas: Heitor agarra a cabeça de Cebriones, enquanto Pátroclo puxa-o pelos pés. Eles mordem, chutam, esbravejam selvagemente. Arriscam a vida na contenda, é certo; porém talvez se arrisquem a perder um bem mais precioso do que a vida. A proximidade dos lutadores, seu empenho comum e a ferocidade ameaçam confundi-los num contágio final, indiferenciado. Há que distinguir gregos de troianos: ainda mais séria para o grego, todavia, é a necessidade de distinguir homens de feras, civilizados de selvagens, que lutam sem ordem nem motivo racional. Por causa disso talvez, os lutadores encontram tempo para proclamar suas linhagens em longos

---

Midlesex, Penquin Books Ltd., 1980; *Odissey*, trad. E. V. Rieu, Penguin Classics, Harmondsworth, Midlesex, Penguin Books Ltd., 1980; *Obras Completas de Homero*, trad. L. Segalá y Estalella, Barcelona, Montamer y Simón Editores, 1927; e Robert Graves, *The Greek Miths*, Harmondsworth, Midlesex, Penguin Books Ltd., 1979.

desafios como, por exemplo, aquele lançado por Idomeneu a Deífobo, na cena da batalha junto aos navios. São interpolações imprescindíveis essas. Entre outras funções, cumprem a de sustentar a identidade da personagem, fazendo-a declarar explicitamente que representa, que ancestrais, que terra, que obras anteriores, que títulos e que poder estão em jogo. Em suma, o herói representa. Mercê da representação que o investe, diferencia-se do contágio furioso, ainda quando seu comportamento não deixe isso claro. Aquiles, reconciliado com Agamêmnon, deseja sair à luta de imediato. De novo uma pausa. Agora é o sábio Ulisses que susta a ação; pede ao herói que modere sua sede de sangue, para que os soldados aqueus possam almoçar e para dar tempo a que a reconciliação se firme, mediante os presentes indenizatórios do Átrida, de um sacrifício aos deuses e de juramentos de bom juízo futuro em suas relações. Bem contado e bem pesado, chega a parecer que os intervalos são tão vitais quanto a ação. Quem sabe até mais; mais difíceis de obter. Tudo se passa como se o calor das paixões fosse incontrolável, ou se, ainda melhor, a conduta oscilasse entre dois extremos: imobilidade ou fúria. Assistimos maravilhados, por conseguinte, à invenção da *pausa para a representação*; este novo estado do homem, onde os símbolos conquistam seu lugar, a ação sopesa seus motivos, a cidade constitui-se em torno da meditação acerca de seus fins e é defendida pela ação organizada dos cidadãos.

A vida civilizada, a cuja invenção parecem aludir os poemas homéricos, depende da laboriosa diferenciação entre o reino profundo do contágio e o plano superficial da representação. Ódio e paixão amorosa, morte e geração, fome e sexo e acima de tudo o impulso torturado de agarrar-se aos semelhantes num abraço fundente permanecem como um magma borbulhando sob a organização do quotidiano. Durante a batalha homérica, é bem verdade que o risco se torna maior, para aqueles homens que se equilibram sobre o fio da navalha do novo estado, sendo exigido, a título de lembrete civilizador, um intervalo temporal para interpor a representação que os diferencia. Em nossas vidas, tal intervalo pode ser via de regra dispensado; mas não a função de representação — há condições particulares, aliás, como as neuroses obsessivas, onde se reedita esse intervalo temporal, que visa então a criar uma espécie de superproteção, diminuindo o poder de atração afetiva da profundidade pulsional do mundo, isolando o afeto e retendo a representação. Com intervalo temporal ou sem ele, no entanto, a superfície representacional desempenha sempre papel defensivo. Em primeiro lugar, reveste a subjetividade com uma película demarcadora dos limites internos, a identidade; em segundo lugar, é o representante da desmedida inter-relação entre os homens, em que os grandes motivos humanos — paixão, guerra, morte etc. — estão perpetuamente ativos, estrato a que podemos chamar *reino do contágio*, e que fazem parte da ação construtora do real.

Neste segundo sentido, a representação está investida por uma forte carga pulsional, furtada à desejada e temida fusão no real, onde os homens são plenamente corpos em comunidade ativa. Reforça-se a coesão das representações graças ao investimento que as sustentará, mas, ao mesmo tempo, torna-se problemática sua sobrevivência. O verdadeiro objeto dessa carga não reside propriamente na superfície onde se concentra. Ela aspira a reintegrar-se na profundidade do real a que se lhe negou acesso; a representação interpõe-se como preposto do real, admitido pela renúncia instintiva no papel de um quase-corpo, porém nunca em caráter permanente. É uma superfície em constante neoformação. A cada momento de sua existência, ela procura manter o real à distância e, ao mesmo tempo, representá-lo, na forma conhecida como *realidade*.

De outra parte, como superfície identitária, a representação possui a inequívoca utilidade de oferecer ao sujeito os contornos definidos de um objeto altamente valorizado: o eu. Contudo, nem sequer esta função pode ser desempenhada com segurança. A distinção forçadamente imposta entre real e sujeito equivale a uma restrição um tanto artificial. Assim como, na epopéia homérica, certo esforço é requerido para distinguir o nosso lado do lado deles — heróis dos dois bandos reclamam ciosamente sua descendência da mesma matriz divina, da linhagem de Zeus —, assim também os componentes do sujeito têm a mesma origem no real que aqueles do mundo objetivo. A identidade expande-se até tocar a camada que representa o real, pela tensão interna dos componentes subjetivos e pela atração dos complexos reais que os geraram; a superfície identitária cola-se à superfície da realidade, representação do mundo. O resultado é uma camada representativa, cuja duplicidade, perfeitamente ajustada no melhor dos casos, permite que o sujeito se reconheça numa das faces, estando a outra destinada a representar todo o resto do mundo humano. Só nos estados de conflito entre desejo e real, porém, é que se evidencia a separação entre as duas faces virtuais: na vida comum, a identidade nada é senão a realidade subjetiva de alguém.

O escudo de Aquiles era feito de cinco camadas, o nosso parece possuir apenas duas — mas teremos oportunidade de pensar se algum recheio mediador não se esconde entre realidade e identidade. Na face côncava está o herói de pés ligeiros, solidamente protegido, na face convexa, enfrentando o contágio furioso da porfia, ostenta-se a representação genial do mundo homérico. Cidades em paz e em guerra, rebanhos e campos, entre o céu e o oceano, entre os deuses e as feras. O homem tem de ser lembrado de que a guerra serve para garantir a paz, a colheita, a criação de animais e a vida social: lembrado do que ainda não sabe, do que se está a instituir. A rigor, essa ordem de prioridade nem sequer diz respeito a Aquiles. A presciência oracular já lhe tinha antecipado que se partisse para a campanha de Tróia havia de gozar vida curta e gloriosa. Thétis, com zelo maternal, relembra-o que, matando Heitor, segui-lo-á ao Hades em tempo breve. Paradoxalmente, ele empunha como defesa os símbolos da realidade de que logo se há de separar.

É evidente que o escudo de Aquiles seria da mesma forma invulnerável se lhe faltassem os adornos. Aliás, seu corpo, mesmo sem escudo ou cota de malha já era quase invulnerável desde o nascimento. De resto, a crer numa das lendas de sua morte, a flechada no calcanhar desferida por Páris (ou talvez por Apolo), somos forçados a reconhecer que o escudo foi de pequena valia — melhor lhe houvera servido uma bota reforçada. E se havia de morrer em data certa e se havia voluntariamente optado pela vida breve e gloriosa, para que as armas divinas? Não seria igual lutar nu? Não, por certo. Aparatosamente armado, sustentando seu rico escudo, Aquiles pôde perecer como representante da civilização — ele que, com suas fúrias e birras, parece-nos muito mais um menininho mimado, um pequeno selvagem. Tiram-lhe Criseida, ele se amua, recusa a luta e suplica a Zeus que prejudique seus companheiros gregos para vingar a desfeita. Herói da civilização?

Pois bem, nossa vida civilizada, como a de Aquiles, carrega o mesmo destino seguro, o encontro marcado com a morte, mais ou menos breve. Suas paixões e ressentimentos são os nossos: um amigo morto, uma mulher roubada, fúria impotente e, no fundo, o mesmo súplice pedido de consolação à deusa mãe. Os grandes temas da fusão com o real estão em nós presentes; destarte, armamo-nos com o escudo da representação, ainda conhecendo que não terá valia quando a fusão final da morte vier cobrar sua dívida. No meio tempo, seu valor é considerável. A convexidade externa figura o mundo real em forma plana e selecionada, é aquilo que denominamos *realidade*; por conseqüência, a face côncava, interna, limita um espaço solidário ao anterior, convergente na mesma figuração, porém invertido, cujo nome é *identidade*. Não nos chega a proteger o calcanhar da alma contra a fervente pulsação do real em que esta se atola, não evita a paixão nem a desilusão, escapam-lhe nascimento e morte, inúmeras condições de contágio afetivo simplesmente o circundam; mas, ao fim e ao cabo, o escudo da representação é um ornamento bonito de carregar.

2

Tomemos, pois, por assentada a forma de nossa hipótese sobre a função fundamentalmente defensiva do conjunto das representações. Se contarmos a representação em geral entre os mecanismos de defesa descritos pela Psicanálise, três questões ocorrem de pronto a nosso espírito. Contra que é defesa? Onde reside a falsidade sintomática que a Psicanálise atribui a todo produto defensivo? Por fim, qual mecanismo assegura essa função?

O primeiro tópico não parece dificultoso. A representação, como vimos, salva o homem do reino do contágio. Que riscos, porém, oferece o contágio, a ponto de justificar tão extenso processo defensivo? De imediato, há que reconhecer que o mergulho nos grandes temas da vida e da morte, sobretudo a convivência íntima e desprotegida com a lógica de concepção do real humano — ou seja, as regras produtoras de sentido, imersas e ocultas no estofo da cultura, ativas na sociedade e no indivíduo, como campos organizadores da vida quotidiana —, desfaz a diferenciação cuidadosa entre o eu e o mundo, ao mesmo tempo que impossibilita nossa razão comum de funcionar satisfatoriamente. Pulando a cerca da representação o homem vai ao encontro da loucura. Loucura é o estado de fusão e confusão entre identidade e realidade; ou, com mais rigor, a condição de contágio, em que o sujeito se desfaz no real e retorna às origens.

No entanto, o estado puro de loucura nos é desconhecido, não por inexperimentável, porém porque, inviabilizando a superfície representacional (identidade e realidade), esquiva-se de toda e qualquer comunicabilidade. Nossa é a linguagem da representação. A impossibilidade radical de comunicação da experiência pura de

ANDAIMES DO REAL: PSICANÁLISE DA CRENÇA   21

dissolução no real faz com que o nome *loucura* venha a ser mais comumente empregado para designar a recuperação defeituosa de um mergulho no real, que o mergulho propriamente dito. Vale dizer, a palavra *loucura* acusa as representações enganosas que proliferam quando o sujeito, que perdeu as representações de si e do mundo, é forçado a refazê-las apressada e arbitrariamente, para continuar a viver em sociedade.

Reconciliando-se com Aquiles, Agamêmnon desculpa-se pela rudeza com que o tratara na repartição dos despojos de guerra, no início da ação épica, alegando ter estado cego pelo poder de "*Ate, a filha mais velha de Zeus*". Ora, pondera o Átrida, se o próprio Zeus todo-poderoso já se deixara enganar por aqueles maléficos poderes (quando do nascimento de Hércules) e em castigo atirara a "*arquidestruidora de mentes*" ao mundo humano, com a proibição eterna de voltar a pôr os pés no Olimpo — se Zeus onipotente fora vítima de Ate, como não desculparmos as faltas a que ela nos induz, em seu passeio terreno. Sob a ação de Ate, os homens enchem-se de enfatuação e arrogância, cegam-se às conveniências, acabam por destruir-se. Esta, a fonte principal da loucura, para os gregos. Com efeito, a *Ilíada* é fértil em exemplos de descomedimento (*hybris*) e vigilante em sua correção. As paixões enlouquecem. Sirvam de exemplo a fúria guerreira do "*louco Heitor*" ou a tristeza paterna de Príamo, rei de Tróia, chorando o filho morto, a quem diz Aquiles: "*Estarás morto tu mesmo, antes que, lamentando-o, o tragas de volta à vida*". Mas igualmente entram nessa conta a louca paixão de Páris por Helena, assim como a impossibilidade de dar ouvidos às profecias, aos conselhos e aos sinais; isto é, o desregramento passional e sua conseqüente surdez ou cegueira são arrolados na categoria de loucura. E Heitor, fugindo a correr de Aquiles três vezes à volta da cidadela troiana — "*como a caça, num pesadelo, onde nenhum, perseguidor e perseguido, pode mover os membros*" — sem poder livrar-se nem ser alcançado, não é miseravelmente enganado por Atenas, na forma de Deífobo, para que se volte e lute e morra? A penetração do regime onírico na vida de vigília, em forma de alucinação, poucas vezes terá sido tão concisamente enunciada, ilustrando o dito clássico de que "*os deuses primeiro enlouquecem aqueles a quem desejam destruir*".

Na verdade, o mundo homérico, como o nosso aliás, move-se nos limites da realidade representada, porém cuidando de contornar os valos e fossos de outra realidade, mais violenta, ensandecida pela paixão, pela fúria, pela culpa ou pelos deuses — a que, a rigor, o nome de *realidade* cabe mal. As exceções estão à espreita para apoderarem-se da regra, as violações da ordem natural tocaiam o espírito. Cuidados extremos na representação do real e do desejo protegem-nos precariamente contra tais ciladas. O *contágio*, nome pelo qual designamos aqui o estado de máximo contato entre os homens, dissolve os limites entre sujeito e objeto, aniquilando o sistema de distinções que orienta cada homem em seu percurso habitual pela vida. Logo, o contágio é perigoso e sempre atuante; só a superfície tênue das representações mantêm-nos dele separados.

Passando à segunda questão, que diz respeito ao caráter equívoco de todo produto defensivo, é preciso convir que seríamos ingratos ao acusar de falsidade a superfície representacional. Ela só se pode dizer falsa em dois sentidos; nenhum dos quais por culpa própria, diga-se de passagem, e ambos intrinsecamente característicos da representação, — sendo pois tanto condição do falso, quanto do verdadeiro. Primeiramente, a realidade é parcial, assim como o é a representação identitária. De tudo o que há para ser representado, apenas o coerente e o não-contraditório figuram em nosso escudo psíquico. Nas beiras da representação, admitem-se ainda alguns sinais borrados dos componentes do real e do desejo, cuja incoerência em face do conjunto não chega a ser de tal monta que os proscreva totalmente — a isso chama-se, comum, mas impropriamente, *fantasias*. O mais está *desrepresentado*, ou seja, figura negativamente. A periferia representacional, composta de exceções à ordem da razão — tais como a infiltração da vigília pela ação onírica, que vitimou o pobre Heitor, ou nossos devaneios megalomaníacos, nossas superstições, a maior parte de nosso negado repertório sexual etc. —, deve ser mantida sob estrita vigilância. Que uma só de tais figuras, espíritos ou paixões negadas, de produtos híbridos de sujeito e mundo, que uma só delas avance para o centro de consideração da consciência e o conjunto harmônico de minha representação bascula em seus alicerces. Logo, mal cabe dizer falsa a representação, porém parcial e ativamente controlada.

A segunda falsidade da superfície de representação, por seu lado, é ainda mais inocente. Dá-se que a própria montagem do sistema está proibida de figurar, com boa razão, em sua superfície. Para que realidade e identidade valham-nos de defesa adequada, devem ambas parecer naturais: uma vinda do mundo, a outra, do interior do sujeito. Não convém, absolutamente, que desconfiemos de nossa autoria da realidade nem do complexo sistema cultural que a determina. A lógica de concepção que cria as imagens de mim e de meu mundo deve operar em surdina; do contrário, tais imagens não seriam críveis, se fosse eu exposto simultaneamente à consciência de que as estou a inventar, ao mesmo tempo em que sou inventado. Entretanto, a lógica de concepção é vagamente anunciada por sinais contraditórios, na rotina de nossas vidas. Ela quase se manifesta quando, por exemplo, ao substituirmos auto-referências fundamentais — tais como amores, ideologia, concepções de vida —, esquecemos tão rapidamente as anteriores, obscurecemos seu resto e seus ecos, renegamos nossa imagem superada, enfim. O choque de subseqüentes auto-representações identitárias substituídas, deixe-se claro, ameaçaria denunciar a montagem toda do sistema, embora contivessem, é forçoso também reconhecê-lo, lições de vida excelentes, presságios certíssimos. Contudo, há que optar. Ou retemos nosso escudo, pensamos saber quem somos e vivemos na realidade; ou temos notícia da fabricação da realidade a partir do real, da identidade a partir do desejo e não nos podemos furtar à contemplação do processo pelo qual a lógica de concepção, o inconsciente, cria a preciosa superfície onde a razão comum pode reger as representações — com o quê perder-se-ia inteiramente a solidez quotidiana. As lições e os presságios daí advindos poderiam compensar a perda? O destino de Cassandra — a mísera jovem fadada a sempre ter razão em sua vidência vã, pois nunca era crida pelos conterrâneos — parece assegurar que os homens acham que não. Melhor crer que se sabe, e ser enganado pela vida e pela morte, que ter a presciência do engano, mas perder a fé na paisagem do momento. A eliminação da lógica de concepção da superfície representacional é, portanto, o segundo aspecto da falsidade sintomática da representação, quando encarada como fruto de um processo defensivo.

Como qualquer mecanismo de defesa, mas privilegiadíssimo e ubíquo, a representação esconde o que deve esconder. É necessariamente parcial; representa desejo e real, aplainados e empobrecidos de sua essencial função geradora, sob uma aparência estática; isola as contradições e disparidades, despista, tanto quanto possível, os resquícios de lógica de concepção, origem processual de sua superfície, cuja manifestação havia de ser devastadora para a plausibilidade do conjunto. Por fim, ela mente, com a melhor das intenções, negando o descompasso profundo entre real e desejo, seu berço natal, descendente que é da satisfação alucinatória do infante, nos termos do conhecido modelo freudiano. O desencontro entre o desejo e suas fontes reais de satisfação não cessa com o crescimento e a relativa autonomia do sujeito adulto. Tampouco cessa a produção de imagens de satisfação fictícias; apenas, como mostra Freud, a satisfação alucinatória da primeira infância diferencia-se em parte, transformando-se em pensamento instrumental, apto a modificar o mundo; outro tanto, porém, continua ativo e exprime-se na criação de representações que negam, a cada momento, a impossibilidade de satisfação pulsional efetiva: a superfície de representação é como que um imenso *play-ground*, onde a evidência do desprazer disfarça-se na esperança de novo jogo. Da superfície da representação também se poderia dizer: *superfície de consolação*.

Por último, fica o problema de quem ou o que assegura a manutenção da superfície representacional: que função interpõe-se entre realidade e identidade, sustentando-as de maneira equivalente às camadas internas de couro do escudo de Aquiles, que lhe davam a rigidez indispensável. Aqui, no entanto, a resposta já não é tão simples. Os heróis homéricos nascem, amam, lutam e morrem na crença em sua própria realidade. Nós, na nossa. Em larga medida são uma e a mesma crença, partilhada ao longo dos séculos por nossa cultura ocidental que, então, estava a ser engendrada. A gente crê como o ar que respira, sobretudo crê no ar que respira. Outros homens, de outras culturas, crêem quase no mesmo; talvez haja pequenas diferenças, certo que as há, mas nunca a verdade da representação é inteiramente posta em dúvida. É, pois, a função da crença que assegura a representação. Contudo, para chegarmos a saber em que consiste a crença, como ela opera no asseguramento da representação e como pode degenerar em crença absurda, sustentando, por exemplo, a representação delirante, o caminho deste livro ainda deve ser percorrido.

3

Homero gasta mais de cem versos para descrever o escudo de Aquiles. Deve ter razões de peso para tal transbordamento descritivo. Ao gravar em versos primorosos as requintadas e inimitáveis proezas artesanais do divino ferreiro, acha espaço para louvar sua "*consumada perícia*", "*o milagre produzido pelo artista*". Decerto, nenhum humano o imitará. Entre os "*milagres*" gravados, não o esqueçamos todavia, figura, bem ao fim, *"um menestrel cantando divinamente à lira"*. Ele o terá ouvido? Tocava, como um disco vulgar, a divina gravação? Não o podemos saber. Hefesto, ao ser interrompido por Thétis, ocupava-se em construir uma mesa automotiva para o banquete dos deuses; de pai do primeiro robô doméstico a patrono da indústria fonográfica a distância não é demasiada...

Porém, outra hipótese menos vulgar é plausível, ou, quando menos, curiosa. Talvez Homero se tenha reproduzido no escudo maravilhoso. Ele era um rapsodo e, decerto, mestre consumado na arte da lira. E dizem que cego. Suas maravilhas visuais poderiam bem ser o reflexo do próprio canto, condições em que os elogios de *"milagre"* e *"consumada perícia"* teriam outro destinatário, nada modesto. Porventura, o vate nem tivesse tais idéias meditadas, apenas saiu-lhe assim. De qualquer modo, a presença de Homero entre os adornos do escudo é perfeitamente defensável.

Mas, nesse caso, que seriam as demais figuras: cidades e mar, guerra e plantio? O que, senão a *Ilíada*, a própria representação sublime que ele estava a compor? Agrada-me imaginar o herói de pés ligeiros partindo para a batalha, para a glória e para a morte pressagiada, com passos céleres e decididos, ostentando diante de si, para que os inimigos o vissem bem, o escudo de sua realidade: a *Ilíada*, gravada em bronze, prata e ouro. Se a suspensão da narrativa, em momento de aguda tensão do enredo, pode algo diminuir à leitura maravilhada do leitor contemporâneo, empresta-lhe em paga um outro feitio ainda mais extasiante. É Homero, ou o espírito grego, parando um instante para refletir sobre o milagre de sua autoria, fazendo uma *pausa para a representação*, em que se inscrevem deuses, constelações, cidades, campos cultivados, a guerra e a paz, no espaço de gravação que, como a terra grega, medeia entre céu e oceano.

Pois entre a recusa de Aquiles e a luta que traria a vitória aos gregos, situa-se o momento verdadeiramente crucial em que o espírito da cultura helênica se dispõe a marchar para a construção de uma civilização que se considera perene. E não é Aquiles, mas Homero quem dá tal passo decisivo. Daí por diante, os privilégios da representação clara sobre a *hybris* da lógica de concepção estarão assegurados. Terá sido na Jônia, nos fins do século VIII a.C., mais que em Tróia, às margens do Helesponto, que a representação de identidade e realidade se afirmou.

Fixando-se para sempre em sua própria obra, Homero deixa uma herança, à qual não somos infiéis. O esforço por criar a superfície representacional totalizante, que contém o mundo inteiro e mais o seu sujeito, gera o homem ocidental. A identidade está contida inteiramente na construção da realidade, como o aedo estava no escudo de Aquiles. Para nós, a obra cria o autor, produzindo nos fazemos, e nossa produção tem de ser gravada, durar, ser comunicada entre os semelhantes, para que tenhamos existência. Filhos de Homero, de quem não se sabe ao certo se existiu, somos, como ele, criaturas de nossa própria obra, mercê de sua representação, e assim existimos todos. Nossa literatura, nossa cultura, nossas vidas criam-se nessa tradição do paradoxo, pelo qual a superfície da realidade contém a identidade do seu sujeito, engendrando ela mesma as operações concretas que criarão a profundidade geradora de si própria. Tal a posição da superfície representacional no mundo pós-homérico.

E é assim de inteira justiça que também nós suspendamos nosso labor interpretativo, para contemplar ainda uma vez o glorioso Aquiles, de pés ligeiros, empunhando seu brunido escudo de cinco camadas, onde figuram a *Ilíada*, Homero, o próprio Aquiles e o futuro da representação.

Capítulo I
INTUIÇÃO PRELIMINAR DA CRENÇA

Introdução

A psique está, portanto, recoberta por uma superfície representacional. Para todos os fins da vida prática, é nela que devemos procurar o homem, que nada mais será então que o conjunto de suas representações. Naturalmente, o homem é antes de mais nada um ser do real e é movido interiormente por este setor do real, seqüestrado do conjunto, a que chamamos *desejo*. Desejo e real, porém, não são abordáveis diretamente por nosso conhecimento; são o que mais importa, mas deles só podemos saber por meio de suas representações: em si mesmo, o desejo, dentro do real de que é parte, constitui o mistério humano.

A superfície das representações, onde se inscreve tudo o que podemos reconhecer como humano, possui algumas funções bastante notáveis. A representação representa o mundo e o próprio sujeito, isto é, sua realidade e sua identidade, representa-os no sentido comum de torná-los conhecidos, de *fazer saber de*. Pelas representações, o homem sabe do mundo e de si mesmo.

Mas representação também significa mediação ou ação preposta, como no uso freudiano do termo *Repräsentanz*, por analogia a representante diplomático. Neste sentido, a representação traduz a eficácia do real e do desejo sobre o psiquismo, eficácia que pode ser muito diversa da figura que se reconhece. À diferença entre uma figura reconhecida de representação e aquele sentido que por meio dela está representado, chamamos *efeito inconsciente*, ou, em casos especiais, *sintoma*: exemplarmente, qualquer sintoma fóbico, onde uma figura reconhecida como inócua gera pavor indescritível, pode fazer entender a diferença entre representado e representante.

Em terceiro lugar, representação evoca uma função segunda, como a representação teatral, uma espécie de contrafação ou de farsa. Este sentido para nós também é importante. Com respeito ao real e ao desejo, as representações são efetivamente produções segundas, derivadas, falsificadas. No entanto, a versão original de que seriam réplicas distorcidas, simplesmente não existe. Desejo e real não possuem uma existência minimamente comparável à de suas representações, pois lhes falta exteriorização apreensível pelo pensamento, por isso é razoável dizer que o homem, em qualquer forma que o apreendamos, é a tradução infiel de um livro que nunca teve edição original. Nossa fantasia psicanalítica básica é a de encontrar aquela versão primeira: procuramo-la na infância cada vez mais remota, no homem primitivo, na hipótese de um inconsciente diretamente cognoscível — outras formas de pensamento procuram-na nas estrelas ou na cadeia evolucionária —, mas ao que consta, ninguém ainda teve grande êxito na busca. Esta é a razão mais forte de insistirmos no primado da representação: onde não se consegue encontrar conhecimento, é pelo menos decente afastar a ilusão de o possuir.

Por fim, a superfície representacional tem a função notabilíssima de proteger o sujeito do mergulho no real e no desejo, neste reino do contágio em que se perdem os limites identitários e a realidade conhecida. Nesse sentido, a superfície da aparência, como também se chama a superfície das representações, tem a função defensiva que há pouco consideramos. No contágio, o sujeito está mergulhado no mistério. A ele chega pela paixão, pela atividade criativa, no nascimento e na morte, na eclosão dos estados psicóticos, quando predominam desrealização e despersonalização. As condições de contágio não são em si mesmas boas ou más, apenas inviabilizam o homem tal como o conhecemos. Todos nós participamos delas muitas vezes na vida, em certa medida até continuamente delas participamos, porém tudo o que delas recuperamos como patrimônio vital é a representação que as nega, precisamente ao tentá-las capturar. A função defensiva de toda a representação consiste precisamente nisto: que a eficácia do real e do desejo, representados na superfície da aparência, é contraditada constantemente pela própria representação que os faz presentes ao conhecimento. Em cada ponto da superfície do psiquismo, há uma luta surda e incessante, em que cada figura de representação procura anular aquilo mesmo que por meio dela está representado. Se a medida da diferença entre o representado (real e desejo) e sua representação constitui o efeito inconsciente, podemos dizer que a anulação relativa deste efeito, quando a representação consegue contrabalançar a força profunda que a gera e seu mistério é simplesmente figurado no teatro da mente, pode ser chamada *consciência*. É parte do caráter da consciência ser a medida da neutralização da força do real.

Este último sentido de representação, o defensivo, é que nos interessará especialmente neste capítulo e em quase toda a *Psicanálise da Crença*. Para que possam cumprir com sua função defensiva, as representações devem poder manter-se. Ora, a manutenção das representações não significa problema algum quando as pensamos como retratos dos objetos externos, fornecidos pela percepção, pela memória ou pela imaginação antecipatória. Enquanto o objeto material se oferecer à percepção, ou enquanto o psiquismo estiver interessado em lembrar ou imaginar, as figuras estarão naturalmente presentes. Infelizmente, este modelo do funcionamento mental é de pouco valor para nosso interesse atual. Em primeiro lugar, porque a consciência cria seus objetos, cujo conjunto, a realidade, é um produto consensual do diálogo produtivo das consciências. Isso não nega, com certeza, os direitos da materialidade ou da fisiologia: ao trombar por distração com uma árvore, ninguém consegue ignorar os efeitos daquela sobre esta, isto é, da materialidade sobre a fisiologia. Mas o sentido de cada objeto, que determina o contorno de sua existência para o homem, já é um produto ativo da consciência humana. Afinal, que me autoriza juntar tronco e folhas na unidade *árvore*, carregada para mim de propriedades individuais, como raiz e crescimento, de um parentesco imediato com as mesas e cadeiras, senão a história complexa de uma inter-relação cultural ativa? Em segundo lugar, porque os objetos representados que nos interessam não são imagens de seres materiais. O que se representa é o real, com relação ao qual a materialidade é simplesmente uma pálida hipótese intelectual, ainda no homem primitivo. Talvez nosso equívoco básico seja o de pensar qualquer homem como se fora um cientista em embrião, realizando observações e experiências sensíveis, mais que como um poeta em embrião, imerso nas coisas, impregnado afetivamente pelo mundo, no qual descortina sentidos metafóricos. Os objetos que nos concernem, do real e do desejo que este engloba, são antes de tudo potências obscuras que a consciência tenta domesticar, familiarizar, por meio de representações. Representação é invocação e exorcismo combinados, quando nosso melhor modelo de consciência é o processo onírico.

Vem daí que seja necessário definir uma função responsável pela manutenção desta aparência de ordem e solidez que a realidade e a identidade apresentam ao homem. A rotina, estudada em *Andaimes do Real: Psicanálise do Quotidiano*, dá conta da redução do absurdo ao estado de representação de realidade e identidade, mas a conservação de seus produtos e a defesa de suas representações exigem um conceito a mais, o conceito de *crença*.

A maneira mais prática e tradicional de criar um novo conceito psicanalítico consiste em escolher alguma idéia comum que se relacione aproximadamente à função que pretendemos definir como ponto de partida. Depois, é claro, tomando como base as propriedades que lhe são vulgarmente atribuídas, ampliamos algumas, precisamos outras, negamos ou invertemos outras tantas. Mais ou menos assim, Freud construiu a noção psicanalítica de sexualidade, por exemplo, mas também a de angústia, de repressão etc. O processo mostrou-se útil para ele e pode também o ser para qualquer outro psicanalista, uma vez que nos impede de decolar precipitadamente rumo à abstração: o fato mesmo de a idéia já existir, embora exija certo trabalho em corrigi-la, mantém-nos mais próximos do pensamento psicológico do quotidiano.

No caso da crença, o termo designa em geral as coisas em que alguém acredita, suas crenças, mas tem uma conotação social ou interpessoal muito valiosa: de hábito, referimo-nos às crenças de um grupo humano ou de um estágio qualquer da existência humana, por exemplo, as crenças dos índios, as crenças das crianças. É fácil perceber, por estes dois exemplos, que uma sentença construída com o termo *crença* tende a colocar-nos numa posição de superioridade com respeito àquele que a alimenta. Isso também é útil, precisamente porque constituirá o primeiro objeto de nossa crítica. Com efeito, estamos à procura da função que sustenta toda e qualquer representação, não apenas as representações exóticas, infantis, improváveis ou estranhas. Por que então escolher, entre tantas, uma palavra que possui a conotação contrária. O motivo é simples: a única forma de compreender o problema do asseguramento das representações é convencermo-nos profundamente de que as coisas que pensamos saber, perceber, intuir, lembrar etc. são tão estranhas ou improváveis para um juízo imparcial, quanto o são para o nosso as crenças infantis ou a dos assim chamados primitivos.

Ademais, oferece o termo *crença* um outro desafio. É que, em seu uso comum, ele designa principalmente o objeto da crença não o ato de manter a credibilidade dele. Falamos em crenças tais como a mula-sem-cabeça, Papai Noel, fantasmas, em crença no poder curativo das flores e ervas, ou em crença na recuperação da economia. Para nossos fins, a função da crença é muito mais importante que seu objeto, que a representação específica que sustenta: estamos tentando estabelecer os limites e o alcance de uma função psíquica responsável pela manutenção e asseguramento das representações, quaisquer que sejam. Este inconveniente, o de estarmos acostumados a pensar nas crenças e não na função de crer, possui uma contrapartida valiosa. Como ainda veremos melhor, o exercício normal da crença envolve uma propriedade essencial, nada incomum nos diferentes atos psíquicos, aliás, que é o de esconder no produto final a montagem interna. No caso, não é só que o termo *crença* tem o sentido dúbio de processo e de resultado; quando estamos sobre sua ação, e esta nunca deixa de se exercer, a função deve ser o mais inconspícua, discreta e inaparente possível. Por isso, é compreensível que só consigamos reparar no seu resultado, nas "crenças", nos objetos de crença, e quase sempre nas crenças alheias ou nas crendices para nós reprováveis.

Destarte, se o leitor puder aceitar que os objetos de crença a que nos vamos referir são todas as suas idéias mais caras e mais comuns, se admitir que estas poderiam ser muito estranhas, caso não ocorresse um processo de familiarização, e que, longe de ser a crença a reunião de alguns conjuntos de fantasias estapafúrdias, é ela uma função psíquica onipresente, metade do caminho para a compreensão deste ensaio já terá sido percorrido — e a metade mais árdua, a que exige uma disposição emocional favorável, pois o resto é esforço intelectual. Apenas mais um requisito prévio devemos acrescentar para a correção do termo vulgar e que pode também enfrentar alguma resistência afetiva. Ao definir as diferentes faculdades do nosso espírito, tendemos a imaginá-las funcionando isoladamente, ou até em colaboração, mas raramente uma dentro da outra. Entretanto, este é o caso mais comum nos atos psíquicos e é o que se dá com a crença. Ao perceber um objeto, por exemplo, a crença na representação não constitui um ato a mais, distinto e posterior ao da percepção. A crença mais perfeita numa cadeira, digamos, não é a declaração formal de que a cadeira existe, mas o simples ato de nela sentar-se. Enquanto função, por conseguinte, a crença é um modo da psique, uma das formas de todo ato mental: existe crença ao perceber, ao lembrar, ao aspirar por um estado futuro ou distante, ao raciocinar, existe crença ao respirar, ao andar, ao sorrir, existe crença ao brincar, ao torcer, ao participar de uma assembléia. A crença não é uma função destacada, pese a nosso propósito de defini-la destacadamente, mas um estrato do psiquismo em ação, um de seus modos de ser, imbricado inelutavelmente em todo rendimento psíquico que lide com representações.

Feitas estas ressalvas introdutórias, indispensáveis para que se saiba exatamente o que buscamos, parece-me também oportuno fornecer ao leitor uma idéia de como o faremos neste primeiro capítulo. Sendo a função da crença tão essencial, a ponto de habitar o cerne de quase qualquer processo mental, o processo de encontrar exemplos ilustrativos, cotejá-los e deduzir sua forma comum, que poderia ser muito eficaz noutros casos — se estivéssemos interessados em definir um novo tipo de sintoma, por exemplo —, não parece ser o melhor caminho. Se a crença está por toda parte, então o melhor é procurá-la no lugar exato onde estamos, ou pelo menos no lugar onde o autor está, e no ato que realiza, o de escrever. Tentaremos, portanto, abordar a crença como os piratas abordavam os navios mercantes: pulando diretamente para dentro. Num primeiro momento, não poderemos sequer dizer se a crença na percepção de um bosque — já que acontecia estar no meio de um — é propriedade da mente ou do bosque. Seguindo um trajeto de estilo fenomenológico, procuraremos evitar quaisquer concessões apressadas às idéias psicológicas correntes, ou mesmo às psicanalíticas. Isso talvez gere alguma estranheza, levar-nos-á a hipóteses talvez chocantes sobre nós e sobre nosso mundo, no mínimo, mas é uma forma de reter a precisão indispensável ao tratamento deste objeto de estudo tão comum, que somente sua demonstração já chega a abalar nossa própria sensação de normalidade.

Serão dois os nossos recursos básicos a essa altura. O primeiro consiste em pôr de parte qualquer estrutura conceitual que possa interferir com nossa livre intuição da função da crença, seguindo mais ou menos o roteiro prescrito pela Fenomenologia. O segundo, complemento necessário deste, é o de buscar surpreender a crença onde ela pode ser surpreendida, isto é, na experiência de desestruturação da aparência, na violação do senso comum e na subversão do estabelecido. Para isso não será preciso iniciar uma revolução, basta que deixemos surgir a incerteza que toda certeza esconde, e fazê-lo nas situações mais comuns, pois nelas é que a crença atua melhor.

Constataremos logo, seguindo este percurso arriscado, que a crença mais forte e perfeita é aquela a que nunca nos ocorreria aplicar-lhe o nome. Crenças que se manifestam enquanto tais, *estados de crença* ou, ainda mais, a *fé*, revelar-se-ão exemplares mais fracos ou distúrbios funcionais da crença. A manifestação aparentemente mais forte é apenas um enfraquecimento daquilo que nem sequer parece existir, quando atua a plena potência.

Tendo chegado a uma razoável intuição preliminar da crença, propósito principal que dá o nome a este capítulo do livro, procuraremos ainda retirar algo mais da experiência quase-fenomenológica em curso. Questionaremos a situação mesma onde estamos a intuí-la, o autor a escrever e a circunstância que o envolve, a respeito da forma de geração da crença que a está sustentando e, com um mínimo de teoria, já será possível começar a investigação sobre como se estrutura a crença, em que crê, donde procede e sobre que incide. Observaremos sem dificuldade que a crença praticamente não é urgida a intervir quando o corpo está totalmente empenhado num ato próprio, mas que se mostra quase descaradamente quando os elos corporais com o objeto se enfraquecem em demasia. A crença respiratória, por exemplo, é *modal*, ou seja, não se destaca, é só um modo intrínseco do exercício da respiração; todavia, a crença em Deus ou no progresso já é fé, proclama-se, grita e não convence tanto. Daí se seguirá uma conclusão interessante: a crença surge pela supressão de um elo do ato psíquico, cuja presença vicariante é nela investida, por assim dizer.

Isso nos vai inspirar um pequeno artifício demonstrativo. Seguidamente, suporemos (falsamente) que a crença numa representação pode provir de fontes naturais, ou seja, advir de características do próprio objeto, sua constância ou concentração, ou de fontes psicológicas, como a convergência de funções mentais distintas, a persistência de uma percepção ou memória etc. É evidente que este questionamento tem apenas um fim heurístico. Se pressupomos, com forte razão, que a função da crença é intrínseca aos atos psíquicos, não teria cabimento fazê-la derivar do objeto representado ou de outras funções mentais, no máximo sua influência poderia manifestar-se por uma espécie de corroboração ou reforço da crença. Mesmo sendo um jogo de cartas marcadas, este não há de ser inútil. Em cada caso do emprego desse artifício, o fracasso em demonstrar a origem extrínseca da crença numa representação colocará em evidência aspectos importantes da função da crença, como se esta mesma nos dissesse irritada: *parem de procurar no lugar errado e vejam onde estou*. Irritando-a — mas nunca em excesso, que é tão discreta quão irritável nossa dama —, talvez a façamos sair de sua usual descrição.

Algo que poderemos então aprender é que o modo perceptual da crença, o estilo de crença característico das representações provindas da percepção, afeta e interfere noutros modos relativos às diversas funções do psiquismo, sobrecarregando-as com uma exigência a mais. É como se sempre, além de cumprir com algo, tivéssemos de também perceber que cumprimos — com a memória, com a imaginação, com a emoção. Uma espécie de obsessão perceptual de controle sobre a superfície da representação surgirá ante nossos olhos, e então poderemos passar às condições que a desafiam. O esquecimento de uma palavra fornecerá o ponto de partida para examinar o assunto.

Este capítulo, como esta prévia permite ver, não é propriamente uma exposição a respeito da função da crença no psiquismo, mas um experimento de descoberta direta e despojada, conduzido em diálogo com o leitor, que apenas poderá acompanhá-lo por meio de uma participação ativa, procurando exemplos próprios e usando o texto como inspiração para uma reflexão pessoal. Depois, já não mais será possível prosseguir esta investigação tão despojada. Tentando surpreender a crença nos estados onde se rompe a aparência segura da circunstância comum, já estávamos aliás, sem pensar nisso, empregando o processo de ruptura de campo[4]. Ao valer-nos do artifício descrito há pouco, já pescávamos nas águas turvas do fenômeno de vórtice. Não nos resta outra alternativa, portanto, que chamar em

---

4. Para uma exposição mais completa do sistema campo-relação, ver *Andaimes do Real: O Método da Psicanálise*, primeira e segunda partes.

ANDAIMES DO REAL: PSICANÁLISE DA CRENÇA 35

nosso socorro, no capítulo segundo deste livro, o sistema inteiro campo-relação como instrumento próprio a desvendar a função discretíssima da crença.

1

A crença é um modo da psique.

Ano após ano, volto a este mesmo lugar para escrever. É a mesma florestazinha tropical. Nas árvores, pesadas de liquens e galgadas por filodendros, no chão, eriçado de bananeiras e samambaias que tentam camuflar os troncos isolados, bate o mesmo sol de outros verões. Buracos verde-escuros, orlados de violentos reflexos de luz, formam a massa viva e indiscernível do bosque à minha esquerda. Em frente, à beira de uma trilha ensombrada, amontoa-se a costumeira pilha de lenha, secando para o forno da sauna. À direita, entre as casas de recreio, repontam ainda algumas árvores destacadas, também velhas conhecidas: mangueiras, flamboyants, paineiras, palmeiras, arbustos floridos. Entre os arbustos floridos, os mesmos beija-flores de cauda em V, esbranquiçada, parecem querer demonstrar teoremas de geometria com seu vôo truncado e decidido. O canto dos pássaros é o mesmo de sempre, sustentado sobre o contínuo das cigarras.

Há como que uma intenção de continuidade no ambiente. Uma discrição madura. Dir-se-ia que o mato se esconde dentro dele mesmo e que um complexo de duração afeta a circunstância inteira que me envolve. Aqui, o crepitar indeciso de minha máquina de escrever integra-se perfeitamente aos sons naturais — mais notável que as cigarras talvez, menos do que os sabiás, muito menos do que os dissonantes bem-te-vis, maníacos de autopromoção, e só um pouco mais do que o ronco surdo da velha podadeira elétrica de grama. Não saberia fazer aqui outras coisas, senão escrever. Os liquens nas árvores pregam-me em minha cadeira. O vôo dos colibris acelera a escrita e dá-lhe o rigor geométrico devido. Esta varanda fresca, quando o sol, lá fora, levanta ondas de umidade, acrescenta sua suave persuasão no sentido de prolongar minha imobilidade e a fazer-me demorar um pouco mais em cada tema.

Há nisso tudo a oportunidade para uma reflexão moral. Se algum princípio de conduta é universalmente válido, este só pode ser o *princípio da paisagem*. Agir como se sempre fizéssemos parte de uma paisagem, procurando a integração estética de nossas ações e com isso compondo o mais excelente panorama possível para os olhos imaginários de algum deus contemplativo — mas alguém já terá dito isso melhor, Ricardo Reis? Discrição e coerência. Que esse deus seja apenas o reflexo de meus sentidos, devolvido pela paisagem em que me componho, não me parece ter qualquer importância. Num gravador portátil, escolho ouvir o quarto concerto de Brandenburgo. Não à toa: ele completa minha natureza e nela me camuflo, imitando a própria floresta. Peculiaridades do princípio da paisagem.

A trilha fronteira recoloca-me no tema principal. Cobriu-se o sol, por um momento. Logo, retorna ofuscante. *Chiaro-oscuro*, o aspecto da mata procura comunicar-me qualquer coisa. Esta espessura de luz e sombra esverdeada, que o sol faz surgir ou deixa oculta, esta massa visual a que chamo bosque *crê em si*. Por isso, talvez, deixe-se apagar com o sol, pois há de voltar forçosamente. Camuflando as folhas novas, disfarçando certas irregularidades paisagísticas, escondendo-se em si mesma, a circunstância verde possui o perfeito recolhimento da crença firme e inaparente. Falo de seu aspecto, não de sua substância material. Para o espírito humano, como para as árvores, a crença é uma das estruturas profundas da superfície aparencial; a duração da substância diz respeito à *imanência*, conceito correlato, mas de nível diverso do da crença. A imanência dos seres materiais no espírito engendra um sentido de ser, semelhante àquele da câmara fotográfica em face das fotos que com ela tiramos: é anterior às representações e, quaisquer que sejam estas, assegura sua origem comum. Já, a crença do mato é uma função representacional que devemos esclarecer.

Primeiro, a espessura recolhida em verde confere a si própria uma aparência de inaparência. Primeira dimensão da crença: tem o espírito humano a propriedade natural de reunir a maior parte de suas representações num todo harmônico, fundindo-as com tal arte, que a razão atenta neles só vê continuidade, fundo gestáltico, ou seja, o conjunto das representações é precisamente condição de visibilidade. Muda a qualidade da iluminação da consciência, muda o aspecto do fundo, todavia a homogeneidade permanece. A crença, neste primeiro sentido, é a função introversiva das aparências. Folhas ou idéias recolhem-se ao interior de sua presentação. Assegura-lhes a crença esta condição essencial das aparências: dobrar sua possível notoriedade individual sob a das vizinhas, relaxando o espírito, que, neste quadro tranqüilo, deita-se como numa cama. A função introversiva da crença opera, como vemos, tanto a partir das idéias, quanto a partir das próprias coisas. E incide sobre ambas, constituindo a dimensão de inaparência, intrínseca à superfície representacional. Segundo, o conjunto de som e luz aspira a uma certa permanência. Por meio dessa resistência à mudança, que também faz parte da crença, matizes, sons e até os movimentos compõem uma circunstância duradoura. Há, com certeza, mutabilidade na aparência das coisas e nas idéias ou emoções concebidas. Para que alguma mudança se revele, é preciso, no entanto, que seus elementos perdurem um tanto diante de mim — modificações muito fugazes são engolidas pelo conjunto. E é preciso, de qualquer modo, que uma considerável parte das representações dedique-se a representar eficazmente uma duração confortável. Minha presença, uníssona com a circunstância — que é precisamente esta parte da superfície representacional voltada a significar permanência —, embebe-se de duração e mergulha num tempo dilatado. Creio poder estar aqui, como as mangueiras crêem nas raízes e no lento farfalhar dos ramos. Como as mangueiras e os pássaros em seus galhos, há um sentido de conhecimento, implícito e recíproco, sustentando cada novo evento. Mesmo o fato instantâneo, cada palavra que escrevo, por exemplo, afeta-se de um instante de consideração suspensa, antes de afluir ao rio do texto. Aqui no mato, todavia, essa dilatação temporal é melhor aceita que noutras partes, parece-me natural acariciar as consonâncias ciciantes, graças à imersão no complexo de duração que domina esta circunstância em que me encontro. A duração essencial das aparências constitui a segunda propriedade da crença que tomamos em consideração.

Terceiro, quem escreve isto que acabo de escrever? Eu, a varanda, ou o mato? Será indiferente a meu tema a escolha da paisagem? Não, decerto. Um visitante raro, ouvindo o repicar das teclas, antes de distinguir a máquina, confidenciou-me que julgara escutar um picapau. Acaso? Minha máquina de escrever perdeu algo de sua maquinicidade, contaminou-se de natureza, adoçou minha redação. Torno-me animista e um bocadinho romântico demais. Leve-se isto à conta da dimensão integrativa e totalizante da crença; esta propriedade sutil, que só permite a um sujeito distinguir-se de seus objetos ao preço de a eles ceder uma parte de si. Cada aparência, sombras, zumbidos de insetos, conceitos, imagens afetivas, para ser crível em sua espontaneidade radical, firma um contrato obscuro com o meio. Distinta, individual e espontânea, a representação que visa o mundo, apóia-se, imperceptivelmente, num estrato de indistinção, fusão e procedência, onde a autoria procede da estrutura mesma dos objetos visados. Não me é demasiado difícil encontrar palavras para designar os objetos que me rodeiam, como as árvores e os pássaros, bem como para os conceitos mais abstratos que me acodem à mente. Não obstante, para que tais palavras gozem de alguma eficácia representacional, seu fundo deve comungar tão intensamente com o conjunto que já não é mais possível distinguir com clareza o sujeito emitente. No rigor de minha consciência de pensador teórico, idéias, percepções, sentimentos sobrevivem por um duplo alento. Retêm sua forma graças à minha autoridade e autoria, mas plasmam-se graças à autorização fusional de um magma de outras idéias, sentimentos, percepções e circunstâncias. A crença, por meio desta dimensão benévola sua, é quem os sustenta e a mim, instrumento de uma tarde quieta no campo.

Por causa disso tudo, é que volto ano após ano a este lugar, para escrever. Chego com notas esparsas, reflexões a meio caminho, intuições ainda sem nome ou forma, uma carência seca de palavras. Mas sei perfeitamente que, assim que tomar assento na varanda, a magia do ambiente entrará a funcionar. As notas compor-se-ão por si sós, acoroçoando as intuições para que se formalizem: uma pausa reflexiva, e as palavras se irão enfileirando quase sozinhas, traduzindo o pensamento completo num texto direto e final, quase pronto para a gráfica.

Magia? Magia, sim, e daquelas que funcionam, sem que se saiba com certeza qual o operador. Eu é que não sou. Pelo menos não o mesmo eu que labuta insanamente na cidade grande a fim de parir três verbos brigões e um advérbio rebuscado.

Numa palavra, há um modo da psique, a crença, que alenta este meu eu de escritor campestre. A psique do real deste eu está no mato à espera. Meu desejo, a psique de minha subjetividade, vai-lhe ao encontro, saúda-a polidamente da única maneira que conhece, vale dizer, deseja-a, e as duas psiques põem-se em sintonia, tornam-se uma só, criando um novo eu, que crê ser autor e por isso o é. Minha memória guarda a lembrança de experiências idênticas; o espaço avarandado e fresco aguarda-me em sua memória material, que é o vazio expectante onde cabem exatamente meu corpo e minha máquina. Sua expectativa consiste na ausência da atividade do escritor que completa uma de suas circunstâncias possíveis: logo, a psique incompleta de minha florestazinha tropical espera-me, como eu a ela.

Modo da psique, a crença está em toda parte. Trata-se de uma propriedade do espírito que funda toda e qualquer representação. É a crença uma das condições de possibilidade do pensar, do sentir, do agir. E se entendemos por psique o estrato do real que engendra o sentido do ser, não há menos crença no mundo que no sujeito. A rigor, há uma só e a mesma crença em ambos. Todavia, se as três dimensões estudadas acima demonstram a ubiqüidade da função de crença, certos derivados acusam melhor sua atuação. Eis alguns desses sinais: adesão, durabilidade, reiteração, coerência, convergência, intangibilidade. Repasso-os sumariamente para o leitor, porque tais atributos são familiares. A familiaridade, aliás, deveria inaugurar a lista. Nestas páginas, onde a crença em voltar a escrever tematizou-se, o ambiente era propício porque familiar. Aderi ao texto, pregado à cadeira. Minha presença fez-se mais durável; estou escrevendo há cinco horas seguidas, certifica-me o relógio. Penso ter sido coerente, creio no texto, na argumentação; a coerência das impressões sensoriais faz crer-me cercado de árvores. Creio ser psicanalista, embora, às vezes, deveras inseguro do que isto signifique; esta crença sustenta uma auto-representação para a qual convergem desde a lembrança de ter pacientes até o tratamento de doutor que recebo da empregada de limpeza. Opiniões e fatos são sugados pelo centro virtual da crença. Conheço cada árvore num raio de cem metros; conhecidas, fazem-se elas minhas árvores amigas e eu o seu admirador confesso: cremo-nos. Por fim, no rabo dessa lista tão prolongável, figura a intangibilidade da crença. Sendo em essência um modo da psique, é a crença inatingível pelos eventos. Enquanto derivado acusativo da função da crença, os estados de crença, isto é, as situações mais carregadas de sua ação, são também quase imunes a contestações empíricas, por causa da peculiaridade de sua posição no sistema campo-relação — que mais à frente haveremos de estudar. O fato de crer que aqui posso enfim escrever leva-me a escrever e, mesmo que a magia um dia falhe, pensarei decerto estar diante de uma exceção que confirma a regra. Para expor a ação dessa entidade fugidia, justamente porque demasiado familiar, decidi recorrer à experiência presente, fazendo do leitor um sócio de meus atos e de minha atenção. Assim, o fato mesmo de termos pensado juntos torna intuitiva a apreensão dessa função de asseguramento das representações que, agora, assegurou este escrito. Assim, mesmo que eventualmente o texto não me tenha saído plenamente compreensível, algo da crença há de ter por ele transitado.

Um ato carregado de crença é quase imune, portanto, aos desenganos de seu produto final. Quase imune. Contudo, como ficaria eu, se, ao cabo dessas horas, me deparasse com uma pilha de papéis em branco e o sorriso penalizado de minha mulher, a dizer: "Que fez hoje, querido, passou a tarde toda resmungando baixinho?" Depois disso, voltaria ainda no ano que vem?

2

Firmada a intuição direta e essencial da crença, avancemos agora a um esboço de definição diferencial.

Crença é o modo da psique que assegura as representações. Não se confunde com o campo, que as produz enquanto sentido: o campo determina o valor de significação das representações, já a crença apenas as assegura na psique. Dessa forma, pode-se dizer que a crença é indiferente às representações que assegura, aproximadamente como o verniz que protege um quadro, que em nada altera a figura pintada. Do campo às relações representacionais, o trajeto é vertical, a ação é inerente, o vínculo é absoluto. Não há um pertencer mais forte ou menos forte da relação a seu campo; fora de seu campo, a relação simplesmente não é. Por seu lado, a crença sustenta as representações com intensidade variável e não interfere no sentido particular de representar certa realidade, nem sequer do sentido geral de representação. A crença é propriedade relacional, é uma das qualidades das representações. Seu plano de vigência é o mesmo das representações, a superfície representável do mundo, a realidade.

Todavia, não é a crença uma relação entre tantas outras. Em si mesma, não é representável; só o é a representação que afeta. Pois, na superfície aparencial da psique, a crença consiste num certo tipo de inter-relação, ou de interação das aparências. Sustenta-as por meio da ação recíproca que cada uma exerce sobre as demais, disso resultando ser a crença em geral uma espécie de tensão superficial dos produtos mentais, tal e qual se daria com um nível líquido. Trata-se de uma propriedade de superfície, embora, exatamente como a tensão superficial, seja uma propriedade profunda das superfícies, algo que acontece na espessura da superfície psíquica. Na unidade terceira deste capítulo, poderemos compreender melhor os liames entre campo e crença, assim como o paradoxo aparente, mas de tremendas

ANDAIMES DO REAL: PSICANÁLISE DA CRENÇA 41

conseqüências, criado por esta condição de inter-relação profunda das aparências. Por ora, basta-nos a analogia com a Física. De acordo com a viscosidade, varia a tensão superficial do líquido em apreço; consoante à *viscosidade* da circunstância psíquica, difere sua tensão superficial. Crença é o modo da psique que assegura as representações. Assegura-as em face da consciência. A *atenção* seleciona alvos, distingue objetos e privilegia certas representações para a consciência. Testa-as o *discernimento*. A *razão* as organiza, segundo suas operações específicas. A crença assegura-as. Assegura-as nas três dimensões que antes intuímos. A *introversão inaparente* faz com que as representações se firmem numa solidez estável, ao ocultar os componentes de sua constituição na própria espessura da aparência. A *duração essencial* das representações confere-lhes a condição de temporalidade, o tempo mínimo de presentação psíquica. A terceira dimensão da crença, a *espontaneidade*, assegura que as representações procedam tão-só de outras representações, horizontalmente, escamoteando a perturbadora origem vertical da idéia e da emoção na psique do real, no campo, em sentido lato. Logo, não há consciência sem crença.

Em termos tópicos, a tradução aproximada da noção de profundidade superficial da crença é seu lugar funcional: o pré-consciente. A consciência depende da crença, para ser consciência de objeto. O pré-consciente *produz* crença continuamente, o que eqüivale a dizer que no pré-consciente são eficazes ao máximo as dimensões da crença. No inconsciente da tópica freudiana, as "representações de coisa" possuem identidade absoluta com elas próprias, não há necessidade de que se lhes assegurem solidez, duração e espontaneidade. São o que são, não há espaço para a crença.

Nesse primeiro sentido, árduo e essencial, é a crença, simplesmente, um dos modos constitutivos de toda representação possível. Não obstante tal caráter intrínseco e geral, certas áreas da superfície mental fazem confluir propriedades discordantes das representações, pondo em evidência a função da crença. A crença perfeita é discretíssima; nunca a ela nos referimos como crença, pois ela se perde no ato psíquico, por assim dizer — ao dizer meu nome, por exemplo, é raro que precise acrescentar um reforço do tipo: "Estou certo que me chamo assim", pois nenhuma outra representação o nega. Na discórdia entre as representações, a imperfeição da crença faz com que esta se faça notar: são os *estados de crença*, as condições onde poderia pensar explicitamente que acredito em algo. A intensidade de seu patenteamento mede a imperfeição ou perturbação funcional, quanto mais notória, mais imperfeita ou doente está a crença. No entanto, quando o pensamento vulgar visa a crença, ressalta-lhe a pujança e admira-se por vê-la inabalável, está invariavelmente referindo-se aos estados de crença, ou seja, à representação aparencial de sua imperfeição. Da crendice à fé, da certeza científica à opinião violentamente sustentada, sempre há uma espécie de diminuição, ou em última análise de patologia da crença, que se mostra claudicante.

Convicção é, portanto, a emoção correspondente ao estado de crença. Como os demais vocábulos de semelhante morfologia, este designa tanto o ato como o efeito de se convencer. O estado de crença, conseqüentemente, tem na convicção sua emoção distintiva. Por outro lado, o movimento que conduz da indiferença à crença, ou da crença menor à maior, envolve igualmente um sentimento, chamado também convicção, agora como ato de convencer-se de algo. Aceitemos esta ambigüidade, sem, contudo, perdê-la de vista. Não há que confundir porém, em hipótese alguma, o estado de crença com seu correlato emocional, a convicção. Chego à crença e nela permaneço por convicção. A convicção acompanha o certificar-se, prova a certeza e afasta a dúvida: é um movimento ideativo-afetivo.

Certeza e dúvida são atitudes do espírito. Em face do estado de crença, envolvem uma positividade que este desconhece. Atitudes positivas dessas duas categorias: a certeza consiste no movimento suspenso que alimenta continuamente o estado de crença, enquanto a dúvida é o movimento oscilatório de alimentação, que ora firma, ora infirma o estado de crença de uma representação. Trata-se no fundo da mesma positividade do espírito, só que traduzida em dois tipos diversos de movimento. Dúvida e certeza são vicissitudes da superfície da aparência psíquica, que é atraída, aqui ou acolá, como o vento, por zonas de concentração ou rarefação de crença relativa. Sopros de dúvida e de certeza agitam os estados de crença, por conseguinte. Quanto à crença modal, intrínseca, esta que mora no interior do ato psíquico natural, esta lhes é rigorosamente indiferente.

Por fim, chamemos fé ao estado de formulação aberta da crença. Da crença modal ao estado de crença há uma claudicação, que a faz notória. Se tal notoriedade fraqueja uma vez mais, ela se permite representar, surge como questão respondida. O ato a mais que formula tal resposta é a fé. Por conseqüência, a fé compreende a questão desafiadora, de que é enfática resposta negativa: Duvido? Jamais! Fé é o pronunciamento aberto de uma crença duas vezes diminuída. Digamos que só tem fé quem quase a perdeu... Entre a crença e o estado de crença, não existem diferenças específicas. Apenas notoriedade neste último e, naquela, introversão inaparente. À minha crença, nunca me refiro; manifesto-a implicitamente ou faço então uma profissão de fé.

Crença é um modo da psique, gerado pela interação profunda das aparências, que assegura as representações por introversão inaparente, duração essencial e espontaneidade. (Espontaneidade: ocultamento da procedência dos conteúdos psíquicos e de sua lógica inconsciente.) A crença sustenta a superfície aparencial. Aparência: superfície de interseção entre o mundo e o sujeito.

3

Em que crê a crença? Sumariamente respondendo, crê na realidade e crê na identidade. O homem está presente no mundo de duas maneiras radicalmente diversas. Há uma integração produtiva, profunda, vertical digamos, que cria mundo e homem solidariamente; mas esta integração concerne ao campo. Chamo-lhe real ou desejo, conforme pareça operar a partir do exterior ou do interior da subjetividade. Com efeito, real e desejo só se distinguem segundo a posição do observador. Na contemplação desta florestazinha tropical, cria-se no real meu ser arbóreo, procedência do verde interessante das folhas e de meu olhar interessado. Desejo vegetativamente sua possante imobilidade, a árvore compõe realmente o tempo de repouso grávido que engendra a força exata de que este texto necessita. Uma árvore escrevente, todavia, é psique em ação, desejo e real indiferenciados a escrever; não há necessidade de crença, nem espaço para ela.

Mas também aqui estou a representar a quem escreve e olha árvores e pássaros, um cãozinho farreando na grama recém-cortada e as linhas escritas. A representação é a outra maneira de minha presença, em que já age a crença. A representação possui duas faces. A primeira acusa o mundo, a segunda acusa o sujeito. Esta duplicidade é a lei da aparência. Só existe aparência, é óbvio, quando o homem se defronta com o mundo. E, não menos óbvio, aparência é a interseção superficial dos dois, a membrana bifácie que limita seu encontro. Toda representação, sendo-o da aparência, descreve uma curva, da qual, a face côncava limita e conforma o sujeito e a convexa, o objeto. A crença assegura esta superfície que molda o sujeito como complemento espacial da forma de seu objeto: frente à convexidade do mundo, o sujeito é uma concavidade solidária. Assegurando a face externa, a crença crê na realidade, assegurando a face interna, crê na identidade do sujeito. E já que a representação é uma só membrana bifácie, na plena ação da crença, identidade e realidade estão conformes, selando a estabilidade da aparência.

O estado de crença resulta de uma pequena desconformidade entre esses dois espaços complementares. Forçada a membrana numa área restrita, há que reforçar-lhe ali a tecitura, exige-se mais da crença e sua ação se faz notar. Grandes discórdias produzem uma invaginação na superfície, fazendo com que um dedo de realidade penetre na identidade, ou vice versa; a hérnia da aparência periga estrangular, destacar-se numa bolinha fechada, ou, pior, romper a parede, deixando extravasar identidade no real ou real na identidade. Urge intervenção mais radical: a redução cirúrgica das hérnias da superfície aparencial é a operação da fé.

Ora, tais virtudes da representação bem assegurada pela crença conferem aos objetos e ao espírito aparência tão acabada, tamanha naturalidade, tanta adequação, a ponto de não nos semelhar mais que natural seu casamento. Vem daí que a crença pareça ter fontes naturais. A boa crença, a crença modal, sustenta o estado natural do homem. E é discretíssima, já o sabemos. Por conseguinte, para o pensamento vulgar, a ordem do asseguramento afigura-se invertida; as operações do espírito e a cadeia de eventos da natureza é que parecem fornecer o arsenal da crença, temos a impressão de crer nas coisas que se provam e porque se provam. Aceitemos, por um momento, esta falácia. Por artifício calculado, deixemos provir a crença de fontes exteriores a sua constituição modal, façamo-lo derivada daquilo que ela própria assegura. Sem perder de vista, contudo, que as peculiaridades evidenciadas por semelhante artifício não revelam efetivamente fontes, mas só instilam alguma inspiração no estudo da crença. São fontes sim, porém fontes de inspiração para o estudioso, uma vez que nem toda a convergência empírica contrária poderia abalar a mais simples das crenças modais.

4

Olho meu cigarro que queima. Distrai-me a música, uns instantes. Volto ao cigarro. Evola-se um fiapo de fumaça azulada, rodopiando para fora da varanda, ao sabor da brisa. Parece acompanhar a música; mas não, é mesmo um ventinho distraído que a puxa. Distraído estou, como me distraiu a música! Concentro-me, acendo outro cigarro. Ele queima igual. Cada reconcentração no ato perceptivo impõe um regime mais rigoroso a meu pensamento. Olhar e cigarro encontram-se solidamente: meu olhar é igual, igual é o cigarro. Queimou-se a distração que confundia música com fumaça. Esta concentração do ato perceptivo é *fonte natural de crença*, a primeira que considerarei. Creio no cigarro. Impõe-me o objeto de percepção uma certa intensidade estreita à mente, convergência e acomodação visuais, ele afasta para a periferia da atenção toda possibilidade de distração circundante. Pois bem, o estreitamento concentrado e intenso é mais crente que a distração. Esta induz a sugestionabilidade, propicia credulidade fácil, torna-me acessível. A concentração descrê dos bailes distraídos da fumaça; conseqüentemente, apresenta-me um objeto discreto, um cigarro, que não pede para ser crido, por isso o é.

O correlato externo da concentração perceptiva é a concentração fenomênica do objeto. Mantém-se a queimar, apresenta-se cada vez menor, mas idoneamente constante é seu encolhimento, e o cigarro seguinte concentra-se todo em ser igual ao anterior. Manutenção, constância na alteração, repetitividade contaminam o ato perceptivo. Tais qualidades do objeto infiltram respeito no olhar — são qualidades de crença.

Ora, para o sujeito percipiente que se põe a refletir, ato sensorial e objeto sabem a universos diferentes, um a espírito, o outro à realidade. E, no entanto, como se casam bem, como se completam. Noutras palavras, há uma fresta entre o ato e o objeto que permitiria duvidar de sua adequação. Há matéria aí para filosofias, no mínimo para uma fenomenologia do olhar. Não obstante, a adequação convence. O objeto retorna à sua constituição material, a percepção à sua espiritualidade, esta apreende corretamente aquele, o objeto oferece-se fiel à percepção. Havia uma fresta, soldou-se, eis a crença. Provém a crença, nesse sentido, da perfeita adequação entre percepção e percebido. Ou melhor, provém de uma inadequação concebível, mas logo negada pela permanência, intensidade, constância na alteração e autoconcentração da objetalidade. A *estidade* do objeto evoca um ato espiritual que primeiro solda a fenda putativa entre órgão sensorial e objeto; ato que depois se introverte inaparente na percepção. Primeiro, é um ato a mais na ordem da reflexão, é um ato de fé; depois, já não é mais ato, é a dimensão da crença perceptiva. Dito de outro modo, são precisos dois atos para que a contemplação de um cigarro gere crença: uma pequenina dúvida sobre sua constituição objetiva, uma espécie de distração, e a resposta que aniquila divagação e dúvida, restabelecendo a concentração espiritual e a do objeto do espírito. Fumar não cria crença, apenas a exprime.

Este modelo da função da crença, por sua parte, esparrama-se noutras províncias da mente. Memória, imaginação, pensamento conceitual, emoção podem ter seus modos de representação da realidade acrescidos pelo modo perceptivo da crença. Exageram, então. Copiam o modelo alheio, desenganam-se, abrem fendas e soldam-nas, a seu modo, cada um desses atos psíquicos. Cada ato do espírito parece carregar um fardo extra, a crença perceptiva, modelo da assim chamada *certeza natural*. Apegam-se-lhe por ato de fé, convivem despreocupadamente com ele em estado de crença, ou o rejeitam, nesse caso com dois destinos diversos. Retornam a seu modo específico de representação e à própria crença modal específica; ou desesperam dela, adoecem, descrêem de si mesmos. Acompanhar cada uma das vicissitudes dos diferentes atos espirituais em relação à crença perceptiva havia de ser longo, conquanto nada enfadonho. Deixo-o para algum autor mais sistemático ou para o leitor exigente. Para nós, que nos restringimos à intuição da crença, é suficiente saber que tais vicissitudes, a doença descrente em particular, não são apenas diversão de filósofo improvisado. Algumas destas hão de reaparecer na patologia psiquiátrica, especialmente no problema da crença delirante. Quer dizer, os pacientes partilham de tais graves preocupações, adoecendo das mesmas.

Retenhamos, por conseguinte, apenas a mais benévola das vicissitudes. Caso os modos espirituais alicercem-se, austeros, em suas respectivas crenças modais — e a percepção em sua própria — o mundo, deveras grato, assume o contorno idôneo daquilo que não dá que pensar. Creio na realidade, ela volta a existir como sempre, e nós dois, ela e eu, ficamos em paz. Há, outra vez, natureza, e esta impõe ao espírito sua naturalidade a título de crença. Eis a primeira das fontes naturais.

E aí está a segunda: as seqüências naturais da natureza e da fisiologia. Outros rumos se poderiam explorar, é certo. Para esses, vale ainda a ressalva acima. Este é um ensaio sobre os andaimes do real absurdo, não um tratado geral sobre a crença. Deixamos, há pouco, o homem em paz com a realidade. Em paz? Numa paz relativa, assegurado de sua identidade e da realidade circundante. Nada impede, entretanto, que nuvens prenunciem o trovejar distante, que ao calor opressivo da tarde sucedam relâmpagos e que desabe um aguaceiro, transtornando meu passeio de antes do jantar. A ação da natureza sobre o homem, a ação deste sobre aquela, nisto tudo não há fresta ou fenda; os efeitos carregam sua fé desembainhada, como os montantes dos antigos cruzados, e a crença não é solicitada. Todavia, a seqüência mesma dos fenômenos naturais já contém um desafio. Nuvens, trovões, chuvarada; flor, fruto, semente; riacho manso, pedras, torvelinho. Não os fatos nem as séries, mas a própria relação seqüencial — por que se impõe esta tão regularmente a meu espírito? Por que o cabalismo de enumerar aqui três séries de três componentes cada? Por que, senão para traduzir uma regularidade que se espelha noutra, um jogo de simetrias e paralelismos, quebrados no termo final, onde as causas cumpriram-se no efeito.

Decerto, como a natureza externa, meu corpo tem suas seqüências fisiológicas. Ingestão, digestão, excreção; inspiração, expiração; atividade, repouso. Reporta-me isso tudo às experiências inaugurais do pensamento, aos ritmos do aleitamento materno, às modulações de calor e aconchego, precursores passivos da ação futura do sujeito. A fatalidade das seqüências involuntárias viscerais mantém vivo o aprendizado do primeiro pensar, feito todo da extensão, cada vez mais ampla e a um mundo cada vez maior, dos mesmos ritmos seqüenciais da infância precoce. Trata-se objetivamente de passividade; mestra, porém, de toda a concepção de atividade induzida, já que mãe e mundo são o derramamento extenso e temporal do corpo infantil.

Há portanto projeção. A experiência de satisfação natural por meio da seqüência fisiológica recobre as séries da mãe natureza, e um princípio de necessidade entre os fenômenos faz sua aparição.

Até aí, a rigor, não há problema para nós. Que a noção de causalidade filia-se à progênie dos cuidados maternos, ou seja, que a idéia de causalidade natural corresponde na verdade a uma sorte de intenção humana oculta que à força projetamos sobre o mundo natural, penso que todos já ouviram dizer. Trata-se mais de fé, que de crença. Fé animista e reprovável, conquanto universalmente eficaz. Reside nossa questão no paralelismo das séries. A série fisiológica casa-se bem demais com as séries da natureza, não fora natureza a fisiologia. Sinto nos ossos a chuva que vem, vibram minhas cavidades com os trovões, sou um com a meteorologia. Sou, mas não devo ser, caso contrário se desmancharia a laboriosa construção das aparências que se sustenta no fato de eu ser distinto do mundo que me envolve. A conexão dos eventos naturais retira, de minha sintonia corporal, também uma positividade. Atribuições de dor e de prazer são investidas na seqüência dos fenômenos, que se transforma numa espécie de vontade involuntária: a natureza em prantos, o sol risonho, a paz depois da tempestade. Mas aqui também a objetividade das coisas fica ameaçada.

A solução é exemplar. As seqüências naturais se fazem independentes de meu corpo desde cedo, desde os primeiros anos de aprendizado; não obstante, elas seqüestram de meu corpo o sentido de necessidade seqüencial. Conceba-se esta como causalidade interfenomênica, como geração interna e substancial, como vontade divina, como relação mágica ou animista, o certo é que há o vínculo positivo da necessidade, e o certo é que não é meu corpo que o parece prover. Como Sócrates, acabo por convencer-me de que depois do trovão deve mesmo vir a chuva, porém mais que Sócrates, convenço-me que tal ordem de eventos nem sequer espelha o ânimo de uma mulher rabugenta. Todavia, há um preço a pagar por solução tão elegante. De chofre, é meu espírito que sobra, exterior ao próprio corpo e bem assim à natureza. Remedeia-se esta constrangedora situação por intermédio de outra projeção do princípio de necessidade seqüencial. Desta feita, são as operações do espírito que se carregam de causalidade. Sensação, pensamento, ação; dúvida, reflexão, certeza; ponência de premissas, reflexão e conclusão; sentimento e ato. Os vínculos das séries espirituais assumem causalidade física ou fisiológica. Não se lhes integram, mas são paralelos. Se construo corretamente um raciocínio, julgo que a conclusão encarna os fatos. Se digo o que penso, acho que digo a verdade. Se sinto e ajo, agi porque sentia.

Três séries paralelas a que, à primeira vista, nada interliga. E desligadas ficariam, não fosse um resíduo da projeção original subsistir sob a forma da eficácia concreta da ação e do saber efetivo do pensamento. A secura inexorável das seqüências físicas tempera-se com a organicidade intrínseca às seqüências orgânicas, e alimentam ambas o sentido orgânico-objetivo do pensar e do agir. Estes ganham eficácia concreta, credibilidade, conectam racionalmente corpo e natureza, concebem racionalmente a causalidade. Primeiro, convenço-me de que o trovão não é o ronco de meu estômago, nem o de um deus pançudo; em seguida, de que meu corpo não imita a natureza externa, que os cabelos não crescem por influência do quarto crescente lunar; por fim, contudo, para que meu espírito não fique a contemplar desencarnadamente natureza e corpo, transformo as crenças animistas e as idéias de influência externa em pensamento operativo, cujo resultado, mais ou menos eficaz, empresta certa solidez ao contato entre as três esferas envolvidas: o espírito que se tornou abstrato, o corpo que se tornou instrumento e a natureza externa que se objetivou definitivamente.

Chegamos assim à situação paradoxal que é peculiar à razão mais adulta e cultivada. Para manter distintos os reinos do espírito e da natureza, e no entanto admitir sua eficácia recíproca, foi necessário cancelar o termo médio, o corpo projetado, que se reduz agora a mero instrumento de relação entre mente e mundo. O resíduo de tal cancelamento constitui o liame firmíssimo que constrói a necessidade causal das seqüências de cada série, bem assim como o vínculo de eficácia entre ambas, mente e realidade. Há, por conseguinte, crença tanto na causalidade, como na eficácia. Sua fonte natural é o corpo cancelado. Creio — modal e inaparentemente — na conseqüência eficaz de meus pensamentos e atos, na causalidade intrapsíquica, nos fenômenos naturais e em sua conexão causal. E semelhantemente creio em meu corpo, enquanto instrumento e objeto natural de conhecimento. Apenas descreio de que o mundo seja um corpo extenso onde meu espírito corporal reside. Quanto às sensações viscerais e proprioceptivas, estas dispensam crença.

5

Nas duas fontes de inspiração natural para nosso estudo de crença, que acabamos de considerar, estava o homem posto frente à natureza física, só, perceptivo, corporal, meditando na superfície da aparência. Havemos de nos inspirar agora em sua naturalidade interior e psicológica.

De permeio, parecer-nos-ia ter omitido a dimensão social da vida do indivíduo. Quando menos, é a ordem costumeira: natureza, sociedade, psiquismo. Sucede, todavia, que ainda a maior boa vontade em obedecer à risca a tradição depara-se, na questão da crença, com um escolho. Psiquismo individual é ficção útil num sem número de descrições do homem; ao descrever a crença, entretanto, a ficção fracassa, pois a dimensão da crença é eminentemente social, produz-se e vigora na inter-relação criadora da sociedade humana e desmistifica assim a dualidade indivíduo-sociedade. Crença é um dos modos da psique; não sendo individual nem social, como a própria psique. Falar da convergência das opiniões, da infiltração ideológica da raiz dos atos, da socialização ou, como prefiro chamá-la, da familiarização dos campos veritativos dos reais societários, não é o mesmo que referir fontes naturais. Está fora do artifício que preside a estes itens. A crença social é a crença simplesmente, para valer, e esta foi tematizada fartamente ao longo de *Andaimes do Real: Psicanálise do Quotidiano* — por exemplo, em "A moral no país das fadas".

Há pouco, deixamos o homem em paz com a natureza, crendo, sem nenhum alarde, na existência do objeto, na seqüência causal dos fenômenos, na superfície aparencial da realidade e em si mesmo, na eficácia da ação e do pensamento, na superfície de sua identidade. Acrescente-se-lhe, a este homem um tanto abstrato, sua participação inextricável no domínio social e sobrevêm-lhe duas perturbações à contemplação apolínea do mundo. Primeiro, altera-se o sujeito. Não é um indivíduo, é uma rede de complicadas interações dinâmicas o sujeito da crença, donde o indivíduo é um nó levemente privilegiado apenas; nem é tal sujeito um contemplador, mas um ser psíquico multiforme, em ação de criar-se, fabricar, dominar, destruir. A dimensão da crença assegura ações sociais, porém muito mais perturbada e periclitante, sobrexigida sua função por ter de socorrer uma aparência em construção.

Segundo, altera-se o objeto. No mundo humano, fabricado, os objetos hipostasiam as duas naturezas: de coisa e de pensamento. São máquinas operatrizes, utensílios vivos, meios de comunicação. A ordem econômica é um tanto mais sujeito que objeto; a obra artística um tanto mais objeto, contudo é bastante pensamento subjetivo. Numa palavra, a fabricação do mundo ressuscita o corpo cancelado; de biológico que era, feito agora máquina e organização. Vimos há pouco que o cancelamento do corpo dotara mente e realidade de crença na distinção entre espírito e natureza; sua ressurreição alienada desmantela a paz crente da contemplação. Pois o corpo denuncia a construção da película bifácie onde se interceptam realidade e identidade, ameaçando-a com a organicidade, senão a organicidade cósmica, ao menos com a organicidade urbana. Na vida urbana o estado de crença é sempre requisitado. Da condução ao trabalho, do trabalho à produção acabada, daí ao mercado, ao lucro, ao desemprego ou aposentadoria, o homem urbano vive em estado de crença. A crença indispensável para cumprir a rotina insegura, num mundo em mutação, notabiliza-se, fica aparente. Sobrevindo, porém, condições relacionais extremas, tais como aquelas do campo do autoritarismo, da automação, da superfabricação do quotidiano, da propaganda ideológica, da comunicação de massa, a construção da realidade humana se ultrapassa, a aparência excessiva se corporifica, requisitando uma profissão de fé. Progresso, racionalidade política, segurança pessoal são matéria de fé. Ou as pronuncio como artigos de fé, ou descreio delas redondamente. O quotidiano incrível da megalópole demanda excessivamente a crença, bóia em estados de crença, nada em profissões de fé, ou naufraga na esquizofrenia social.

Não são estas fontes naturais da crença, artifício inócuo; são antes condições concretas do exercício da crença, reais e virulentas. Interponho-as aqui a título de lembrete para nossa intuição que se fazia algo abstrata, como se o homem pudesse ser alguma vez um contemplador levemente interessado e como se a natureza ainda existisse como antigamente. Passemos, pois, às fontes psicológicas.

6

O artifício que isola sujeito e realidade problematiza sua relação, para salvá-la com a noção de crença, retirando, desta operação de rescaldo, peculiaridades de origem da crença — este mesmo artifício permite-nos agora partir da natureza psicológica do espírito humano. Suponhamo-la dada, como faz geralmente a psicologia. De alguns de seus requisitos funcionais, derivemos propriedades fundadoras da crença. Será então a psicologia uma fonte natural para o estudo da crença.

Minhas representações não surgem diante do olho da consciência. Idéias e emoções entram na corrente geral da atividade psíquica, como as ranhuras do parafuso sem fim. Aparecem, sintetizam-se, somem de golpe numa representação totalizante, que vai servir, outra vez, de elemento da cadeia associativa. É preciso, pois, conceber uma série de instantes lógicos, em que cada representação é considerada como tal, antes de se perder no fluxo do pensamento. Cada representação dura seu tempo necessário. Diria que devo acreditar em cada ponto de minha atividade psíquica, isoladamente, e pelo tempo bastante para que o julgue digno de entrar na corrente lógica, ou para rejeitá-lo como falso ou não pertinente ao conjunto.

No entanto, tal duração é inaparente. O pensamento é uno, semelha um *cantabile* do violino, quase nunca a um *pizzicatto*. Demais, as representações não se põem abstratamente, são sintetizadas, conjugadas e diluídas no próprio processo de pensar.

Reedita-se, por conseguinte, o paradoxo eleático do movimento. De ponto em ponto não chego a lugar nenhum, sem os pontos ideais não há substância pensante. Não à toa aquele paradoxo antigo sobre o movimento visava mais a crença que sua existência...

Aqui também. O tempo necessário, mas inexistente, da apresentação de cada segmento do pensar converte-se numa espécie de sentido de duração, implícito à atividade mental. Tal sentido de duração intemporal consolida o fluxo, dá-lhe solidez, dureza, uma dimensão estática de aparência, que me faculta, por exemplo, tomá-lo em consideração reflexiva, enquanto fluxo paralisado. Ou seja, a duração intemporal de cada elo dá sentido de duração eficaz à corrente do pensar, que é apreendida pela mente como segurança confiante na própria atividade. Numa palavra, a duração paradoxal resolve-se em crença. Forte e implícita, esta crença assegura a representação do pensamento em sua aparência de instantaneidade, escamoteando totalmente a apreensão do tempo real de sua duração. Se meu pensamento tropeça em objeções internas, se hesito ou retrocedo, a duração torna-se notória, a solidez do fluxo parece titubear, e quando o completo, devo certificar-me de sua boa conexão lógica, retraçando meus passos. Pois, já que durou, posso ter-me perdido, confundido premissas destacadas, juntado indevidamente partes desiguais. Repito então a mesma cadeia, dessa vez com fluência, e confirmo a conclusão anterior. A repetição é sintoma do estado de crença, que a duração percebida fez emergir. Caso, porém, persiga laboriosamente um raciocínio alheio, ou se me afigure improvável e duvidoso o meu, há que juntar-se-lhes um ato a mais, para que se naturalizem, um ato de fé na representação. Em suma, para crer no produto de minha atividade mental faz-se mister que esta suma de vista, que não sobre vestígio de sua duração e dos processos envolvidos; logo, o remanescente desta negação do corpo da mente parece ser igualmente reinvestido sob forma de crença.

Semelhante problema representa a continuidade na mudança. Não falo no sentido de imanência, que garante profundamente o sujeito psíquico, mas na simples permanência de certas representações e esquemas de pensamento próprios a um tema, quando o fluxo ideativo já tomou rumo diverso. Noutro contexto, são as representações radicalmente outras. No entanto, sua identidade é um requisito necessário para a noção de permanência do eu pensante. Elas então se soldam, sua eqüipolência converte-as em unidades idênticas, enfim numa só representação empregada diferentemente. Os esquemas de pensamento e as representações que constroem, cancelada sua disparidade, dão identidade reconhecível ao eu pensante, no curso das mudanças de representação, que, em princípio, deveriam fazê-lo diverso e irreconhecível para si mesmo. Num momento, estava perdido a pensar no pinheiro em frente, refletindo sobre sua idade, medida pelos nós donde nascem os galhos; logo depois, penso em dar um exemplo de permanência de objeto, e considero a questão de quanto de um pinheiro é preciso ver para garantir que se trata de tal tipo de árvore, mesmo que pequenas mudanças hajam ocorrido entre duas observações. Ao transitar de um tema a outro, o sujeito deve ter-se alterado consideravelmente: antes, rememorava meu conhecimento de árvores adquirido na infância, agora tornei-me mais adulto e contemplo o pinheiro como objeto de saber crítico. Como efeito, e para garantir minha unidade identitária, as duas versões do pinheiro coalescem, destaca-se a idéia de árvore singular e, por tabela, meus dois eus fundem-se comportadamente num só.

Esta condição é projetada no objeto representado, constituindo o substrato psicológico da apreensão de sua permanência idêntica, de sua realidade. A árvore que reconheço, sob o sol e debaixo de chuva, ou como vulto incerto em noite escura, é o lado de lá de minha identidade, assegura-me tanto quanto eu a asseguro. Se, ao contrário, estou aterrorizado pelo escuro, ela é pânico, é o outro, o infamiliar que me estende dedos de sombra; e perco minha confiança identitária, transmuto-me, sem mediações, na criança apavorada de meus cinco anos ou de meus pesadelos. Torno, quem sabe, a ser adulto, por um deliberado ato de fé na realidade consensual; ou corro para meu chalé iluminado e, lá, em estado de crença, posso rir amarelo do próprio susto.

O cancelamento da outridade de representações ditas idênticas supre ao espírito crença modal na identidade representacional da realidade. A constância, na mutabilidade, é fonte de crença na identidade do eu pensante e emocional, durante seu trânsito pela superfície da aparência. Mesmo no terror persiste a aparência, outra e terrorífica aparência. Para além da aparência, sobrevindo ruptura de campo, a crença é inoperante; requer-se então o sentido de imanência, propriedade transidentitária do sistema campo-relação. A dedução da crença, a partir de suas fontes naturais psicológicas, só se pode estribar no paradoxo. As funções psíquicas, todas elas, dependem de crença para seu exercício natural; logo, a crença não pode ser um derivado destas mesmas funções. (Outro é o caso do inconsciente, mas este não é uma função psicológica em sentido estrito.) Todo bom funcionamento mental, por conseqüência, traz em si, embutida, a crença. Retirá-la da função, para poder fazê-la derivar de dados empíricos ou de propriedades da memória ou da cognição, quebraria a unidade efetiva da função considerada. Somente onde, na raiz mesma da função em apreço, uma contradição é vencida, intui-se a dimensão da crença, porque então se abre o fundamento constitutivo desta função, como acabamos de ver nalguns exemplos. No mais, ou a crença está embrenhada na função, e esta não nos diz nada a respeito, ou são propriedades funcionais da representação mental que parecem corroborar a crença, e estas dizem pouco.

Tomemos dois exemplos desse pouco. As representações psíquicas parecem sofrer de uma inércia essencial. Não é seu êxito em representar o mundo que as faz permanecer. Boas ou más quanto à eficácia, aprazíveis ou desprazerosas, há algo assim como uma preguiça coextensiva a cada representação, que teria de ser vencida para transformá-la ou abandoná-la. O retrato dura; substituí-lo, demanda um esforço extra, consistente em desmontar as partes, recombiná-las, e tamanha é a consistência estrutural de sua arquitetura, que a qualquer momento de distensão posterior da mente, a representação desmontada volta espontaneamente à forma antiga. Que o confirme um obsessivo, testemunha involuntária desta inércia estrutural — que, não cabe duvidar, subjaz obsessivamente a todo ato de representação do indivíduo normal. Tal inércia corrobora a crença, aduz-lhe um ingrediente; não a cria, porém. Trata-se, a inércia, de um análogo da crença modal.

Também análoga e corroboradora é a convergência representacional. Representações bem logradas — este critério conta aqui

ANDAIMES DO REAL: PSICANÁLISE DA CRENÇA

— parecem assumir, de moto próprio, o centro de um sistema de representação mais geral, aspirando para si a periferia de idéias congêneres, estampando-lhes sua marca, ligando-as a si. Esses sistemas bem centrados corroboram a crença duplamente. A convergência, não sendo objeto de consciência, produz o sentido de confirmação da idéia central: a força de atração centrípeta traduz-se por uma espécie de certeza cenestésica, difusa, no sistema inteiro. Demais, formando conjuntos amplos e homólogos, a convergência cria superfícies de representação de extensão apreciável, corroborando a unidade e a superficialidade da intersecção entre sujeito e mundo objetal.

As duas propriedades, inércia estrutural a convergência, aliam-se na representação ideológica, nas crendices e nas ciências, onde são notáveis; mas presidem também a quaisquer representações unificadas do quotidiano. Não as produzem, não lhes dão forma nem sentido, não as asseguram como a crença; mas criam zonas propícias e são facilitadoras da função da crença.

7

Sairemos doravante das fontes naturais da crença; é preciso deixar de lado o artifício da dedução psicológica, que estamos entrando no espaço tradicional da Psicanálise. Mas não esperemos demais. O método psicanalítico, substanciado no sistema campo-relação, não será utilizado ainda, reservo-lhe uma parte separada: o "Ensaio sobre a crença no sistema campo-relação". Limitemo-nos aqui a cotejar algumas propriedades da crença modal com a descrição psicanalítica tradicional do "aparelho psíquico".

As representações de identidade e realidade ancoram-se no sistema inconsciente. Não tendo o modo de aparência, a representação de coisa, própria do inconsciente, dispensa inteiramente a crença. A representação de coisa é em si sua crença mesma, se se preferir. Tem a duração absoluta da atemporalidade, a inaparência e introversão absolutas da coisa em si, a integração ao magma das representações congêneres é assegurada pelas leis do processo psicoprimário: energia livre, condensação, deslocamento. Além do mais, essas representações não se exteriorizam, não aparecem, não existem, não se arriscam no embate com o exterior. Não têm aparência; insistem surdamente sobre a corrente das representações do sistema pré-consciente/consciência. É no pré-consciente onde a crença começa a se fazer sentir. E acrescentaria, no pré-consciente, ela começa e termina sua tarefa. Atraída pela atração gravitacional do inconsciente, a representação de palavra, ainda improferida, liga-se em complexos representacionais bastante estáveis, verdadeiros correspondentes da matriz atemporal inconsciente: os complexos inconscientes determinam à distância a formação de agregados de representações pré-conscientes a que fornecem a carga afetiva. Certas configurações são instadas a se formar, portanto, e seus elos de estrutura recebem a carga consolidadora da energia pulsional. Ou, dizendo-o com rigor, a estrutura da configuração pré-consciente, alvo da estimulação, representa formalmente a energia liberada; de maneira análoga, por exemplo, às ligações eletroquímicas de um composto orgânico de alta complexidade que se manifestam na manutenção de sua estrutura molecular. Por conseguinte, não existe algo a mais nos agregados pré-conscientes que os vincule ao inconsciente, a estrutura dos complexos representacionais é a medida de seu investimento e o investimento libidinal esgota-se, não raro, na produção de tal efeito estrutural — caso contrário, nossa vida psíquica seria um simples acúmulo de sintomas. Outros complexos possíveis são recalcados, sua inexistência, ou presença lacunar, empresta força à estruturação de elementos substitutivos, sintomáticos.

Esta mecânica espiritual outorga um modelo válido para a crença. As representações conscientes da realidade e da identidade têm a garantia da instância pré-consciente. Decerto, a força de ligação dos complexos representacionais pré-conscientes não constitui nunca objeto de consciência. Como consciência, a boa aparência, a representação consciente fundada nos complexos melhor investidos, goza de um asseguramento, quanto à forma e à duração, irredutível às qualidades do objeto da realidade a que se referem e que a consciência mesma não pode detectar. Eis a crença esquematizada sumariamente pelo recurso à "feiticeira metapsicológica" freudiana. Crença é a medida da transformação da energia psíquica dos complexos inconscientes em estrutura de representação, sendo, portanto, também deste ponto de vista, o representante de um corpo suprimido, agora do corpo do inconsciente e daquele dos agregados potenciais pré-conscientes que foram recalcados: é um dos destinos possíveis da energia libidinal e, com certeza, não o último em importância nem o menos útil.

ANDAIMES DO REAL: PSICANÁLISE DA CRENÇA 57

Quanto à constituição formal da boa representação, assegurada pela crença, algo mais resta a aditar. Há o inconsciente como insistência pulsional; porém, seu modo não hipotético de haver (já que a expressão *existir* seria provavelmente excessiva nesse contexto) consiste em representar o limite das configurações representacionais possíveis[5]. A negatividade desta formulação oculta uma contrapartida positiva. Certas regras formais, sem sustentação substantiva, estruturam homologamente a totalidade das representações possíveis. E a maior parte destas, em cada indivíduo ou sociedade, encarna um número relativamente pequeno de regras recorrentes, que constituem seu *inconsciente*. Isso confere às representações de conteúdos mais díspares, similitude formal considerável. O modo de amar de um homem qualquer parece-se um pouco ao modo de amar de seu vizinho; todavia, está muito mais próximo, estruturalmente falando, de seu modo de odiar, de comer ou de trabalhar. Numa sociedade autoritária, por exemplo, o apego apaixonado à mentira como sistema não se limita à relação com os antagonistas políticos; as representações de trabalho, lazer, ensino etc. partilham, *grosso modo*, a mesma regra de constituição[6]. Vem dessa comunidade estrutural dos díspares, que as representações eleitas para figurarem a aparência tendam a manter constante sua forma essencial, nas mutáveis contingências da vida pessoal e social. Identidade e realidade conformam-se às regras da psique, mimetizam-nas na superfície aparencial, impressas pelas forças confluentes do desejo e do real.

Assegura-se, destarte, a coerência das formas representativas de conteúdos objetais diversos, e reassegura-se, conseqüentemente, a identidade do sujeito. Ora, sendo o inconsciente o conjunto das regras, sua força imprime homologias nas séries de representações, resultando uma solidez estrutural, inexplicável para o próprio sujeito. Vê-se o homem idêntico a seu mundo, e a similitude fisionômica — suprimido o termo médio que a explicaria, as regras do inconsciente que geram sujeito e mundo enquanto sentido — impõe-se-lhe como crença na operação que os representou (homem e mundo). Ao se habituar que, para a intenção de andar, surgem de imediato pés e chão, o homem do quotidiano não suspeita do mistério físico-fisiológico, nem suspeita das regras do campo inconsciente quando vê seus preconceitos

---

5. Ver, em *Andaimes do Real: O Método da Psicanálise*, a Quarta Parte: "Há o inconsciente".
6. Cf. *Andaimes do Real: Psicanálise do Quotidiano*, Terceira Parte, "O mundo em que vivemos", capítulo 7.

ideológicos confirmados pela realidade que o rodeia. Casamento perfeito é este que conjuga identidade e realidade, pois se sustenta inteiramente na crença respeitosa no cartório que legitimou sua união. O terceiro subsídio das teorias psicanalíticas tradicionais ao estudo da crença é o mais popular entre os analistas e também o mais equívoco. Trata-se dos resíduos de conteúdos de experiências primitivas. O bebê, socorrido de cuidados maternos, retém decerto confiança no mundo externo e na própria capacidade de satisfazer-se. Ele acredita na mãe e daí por diante deverá acreditar em tudo o mais, sentencia o terapeuta. Cuida este, então, de corrigir a incredulidade de seu paciente, proporcionando-lhe uma terapia tolerante e solícita, interpretando como ataque invejoso as reticências face ao analista, ou, costuma-se dizer, oferecendo ao paciente uma boa "maternagem" — termo indigesto, para uma fraca teoria clínica. Confiança na mãe já requer crença modal, tanto, pelo menos, quanto tolerância à frustração; e, se é verdade que corrobora a crença, o bom atendimento de uma criança pequena gera principalmente certa confiança na veracidade da palavra alheia — algo semelhante à concepção judaico-cristã de verdade, que tem, por fundamento, a fidelidade de Jeová à aliança firmada com Abraão e com sua descendência, ou à de Cristo com seus seguidores. Quer dizer, em sua falta, o mundo e os homens podem parecer-lhe falazes e teremos um paciente desconfiado, porém não necessariamente sem representação; a boa mãe não imprime crença e sim confiança, que é coisa muito diferente.

Outro é o papel dos resíduos de conteúdo primitivos, na formação da crença. Em parte, atua por sinais identificatórios. Aí, tanto pode-se tratar do seio como de uma verruga do seio, ou do nariz materno, ou do calor do corpo, ou de um toque algo excitante. De qualquer modo, aceitando ou não esta teoria de sinais indeléveis (sustentada entre outros por S. Leclaire), é preciso reconhecer que há marcas mnemônicas distintivas do sujeito, signos de prazer e dor, de realidade e de irrealidade. E os primeiros conteúdos de W (*Wahrnehmung*, percepção), investidos pelo "sinal de realidade", como o descreve o *Projeto* de Freud, deixam um resto funcional, que identifica para o sujeito a realidade externa. Em suma, existe no indivíduo adulto um conjunto mais ou menos fixo de sinais evocadores de realidade, bem como um outro conjunto que lhe assinala inequivocamente a própria identidade. Perdida sua origem na amnésia infantil, atuam estes conjuntos como seleção espontânea de áreas preferenciais de representação, tanto para a realidade, quanto para a identidade. São sinais privilegiados de crença.

A parte mais considerável do resíduo da experiência primitiva, todavia, entra na formação da crença através do modo especial com que a mente os construiu. Sob a influência da identificação projetiva, a mente primitiva vive em contágio com seu objeto. Ao se distinguir, nos albores da posição depressiva kleiniana, o indivíduo representa sua identidade global, defrontada com a identidade global e separada do outro, da mãe, dos próximos. Forma-se então a aparência, a superfície peculiar onde a forma da realidade conforma a identidade. Entretanto, nessa fase, a criança oscila entre o modo depressivo e o esquizoparanóide, vale dizer, entre aparência e contágio. Em certo instante, a procedência dos eventos se deve a um magma indiferenciado de ações intencionais, que não são do sujeito nem do mundo, mas de sua fusão inaparente; no instante seguinte, existe novamente aparência, a intencionalidade volta a residir no indivíduo, o mundo é só realidade. Tal oscilação deixa um resíduo de constituição, mais importante que de conteúdo.

O modo de contágio é incisivamente suprimido, para que o de aparência possa vigorar. Uma nostalgia do contágio resta, contudo, na atribuição de intencionalidade a outro ser humano. Tal estrato de crença é condição e suporte da dedução da mente alheia pela consideração de suas manifestações externas. Mais, no contato interpessoal, o modo de contágio continua ativo sob a forma de empatia. Num círculo de amigos, agimos em uníssono; um crispar de mãos imperceptível gera alerta; inclino-me na direção de algum ouvinte distraído, sua atenção se aviva e um terceiro começa a olhar pela janela. Não há consciência desse plasma relacional, mas ele infunde vida humana à superfície da conversa. Por fim, há normas bem precisas que se devem seguir a fim de evitar o patenteamento do contágio. É característica geral das culturas a distância convencional que se deve respeitar em cada situação. Cadeiras dispõem-se em intervalo de espaço pré-determinado — em situação formal ou amistosa, em culturas mais ou menos rígidas quanto à hierarquia, este espaço difere, mas em todas há um ótimo para cada situação, a proximidade afoga, a distância esfria as relações. O ato de amor difere, as efusões de amizade e as explosões de cólera diferem. Contudo, uma regra de distância e atitude testemunha sempre o esforço de controle sobre a intensidade do contágio.

Ora, a supressão do contágio promove uma espécie de comunhão das aparências. A empatia tende a fundir os homens e a animar as coisas. Quando esta também é negada pelo pensamento racional, são as próprias superfícies da realidade e identidade que se reforçam com o investimento libidinal liberado pelo cancelamento dessa paixão comunicante, apaixonam-se, uma pela outra, realidade e identidade, selando ainda melhor qualquer interstício possível. Tanto a dimensão identitária, quanto a dimensão objetiva da representação, beneficiadas por esta repressão secundária, ganham solidez e solidarizam-se entre si. Mais rija se torna a aparência, maior a resistência contra sua ruptura, mais desejável o bom ajustamento das duas faces da película representacional. Como já sabemos, aliás, a supressão do contágio orgânico universal, vista no item quarto acima, mede-se pela intensidade da crença na superfície aparencial. A teoria da identificação projetiva é útil para iluminar a gênese desse processo.

8

Só há crença onde há representação. Na intimidade dos campos não há crença. Sua intimidade é irrepresentável, é pura produção de sentido, nunca sentido produzido. Só a *transitividade*,[7] ulterior à ruptura de campo, quando este deixa de ser ativo — logo, de ser campo — faculta que se representem suas propriedades, degradadas (ou promovidas, segundo o ponto de vista) a relações de outro campo. O método transferencial de saber, exorciza a psique interpretada, a do cliente ou a do mundo humano. Deixa surgirem e toma em consideração os desenhos do desejo e do real, patenteados por sua própria resistência ao desenhar psicanalítico.

Ainda assim, real e desejo, desenhados, não admitem crença, mas espanto e estranheza. Estranheza e espanto, sintomas do absurdo, acompanham necessariamente o ato de desenhar a psique, ou seja, a interpretação: e só no desenhar é que se apreende o desenho psicanalítico da psique. Sua representação simplificada e fria, o retrato falado que divulgam os manuais teóricos, pode ser crida e geralmente

---

7. Um esclarecimento mais amplo da noção de *transitividade* — a propriedade dos campos que lhes faculta passar a relação, na sucessão de uma ruptura de campo —, assim como no que tange a outros conceitos da teoria dos campos, utilizados neste livro, remeto novamente o leitor a *Andaimes do Real: O Método da Psicanálise*, em sua segunda parte.

o é, tanto o espanto e a estranheza preparam o espírito para crer naquilo mesmo que os dissolve, quando passa da fórmula à ação. Porém, o objeto de tal crença não é já o desenho da psique, mas sua caricatura — só no desenhar conhece-se o desenho. A imaginação também não solicita a crença. O objeto imaginário, a figura produzida no ato de imaginar, não possui existência diversa da sua presentação ao espírito; cola-se a si próprio o objeto da imaginação, esgota-se em presentação imaginária. Atenção, porém. O espírito a que se presenta e onde se esgota não é obrigatoriamente individual; os imaginários — cultural, científico, mítico, estético — criam seus objetos, esgotam-se em criá-los e esgotam-se estes em se presentarem. Não têm aparência. São aparência pura, portanto não exigem que a crença os assegure, pois asseguram-se a si mesmos. Não cabe, a rigor, dizer representação imaginária, mas presentação.

Somente na transcendência, quando, por meio de seus objetos, a imaginação visa o mundo, há sentido de representação. Aí, contudo, não se trata de crer no objeto imaginário, porém de crer através do objeto imaginário — crer na realidade: seja esta verdadeira ou falsa, segundo o critério veritativo empregado para testá-la num segundo momento. O objeto imaginário pode ser boa ou má representação; fortifica-se, porém, do auto-asseguramento que provém de sua condição dupla: objeto e veículo, pura aparência e representação da aparência. Vem daí que a representação imaginária seja veículo de crença tão forte, que seja duradoura, convicta, dominante e compartida. É que a dimensão objetal do imaginário contamina sua dimensão representacional.

Assim se compreende melhor a posição ambígua das imagos freudianas, do objeto interno kleiniano e da noção psicanalítica de fantasia. Como organizadores de experiência consciente, isto é, como veículo, têm, entre outras propriedades, a de infundir crença, assegurando a representação da identidade e da realidade. Como objeto da atividade mental consciente são coextensivos à própria presentação, pura aparência, e coextensivos à própria evidência, pura crença. O deslizamento fácil de uma dimensão para a outra, de objeto a representante, confere-lhes a eficácia especial que a Psicanálise neles soube desvendar: como objeto, estão, por assim dizer, acima de qualquer suspeita, como veículos, apenas conduzem aos objetos da realidade, que não podem refutar o ato de imaginação.

Da mesma forma que o desenho do desejo e do real, analogamente ao imaginário, toda a experiência humana que imerge no reino do contágio e da organicidade situa-se além da necessidade e possibilidade de crença. Condição das aparências, tensão superficial, o alcance da crença não se estende ao domínio onde realidade e identidade entram em crise. A paixão amorosa, o ato de conhecimento, o interior da produção cultural e outras experiências correlatas em que o homem se empenha rudemente, em todas elas se desfaz, momentaneamente, a distinção identidade-realidade. Na fusão, dentro do cadinho das experiências-limite, idéia, emoção e ato procedem da dispersão do sujeito em seu objeto. É perder-se, para encontrar-se depois, modificado ou remetido à forma prévia. O segundo momento, claro está, admite representação convencional e crença. Há representação do amor, do conhecimento e da cultura; na verdade, estão estas experiências a serviço das respectivas representações. Como com o objeto imaginário, o segundo momento contamina-se com a eficiência do primeiro; todavia, como com o desenhar da psique, este momento segundo é quase caricatural, nuns casos mais, noutros casos menos, sempre menor que a experiência de contágio em todos os casos. Basta pensar na diferença marcante que há entre o mito original e seu relato escrito, ou entre um delírio e o competente relatório psiquiátrico, para que tenhamos idéia do abismo entre contágio e representação de uma mesma experiência.

Desses três paradigmas do além-crença, interessa-nos especialmente um traço comum, a inexistência de frestas. O objeto imaginário cola-se à sua presentação. O ato interpretativo abole toda pressuposição e contenta-se em deixar surgir. Paixão, conhecimento e produção cultural ressintetizam sujeito e objeto. O juízo posterior, pondo em tela de juízo as representações alcançadas, abre uma fenda de incerteza — mesmo que retórica —, que serve de ponto de partida para qualquer especulação dubitativa. O primeiro momento de eficiência, nos três tipos de experiência, todavia, não admite dúvida nem requer certeza. O equivalente da dúvida, nos três casos, é a desilusão, forma radical de negação do valor total da experiência. Não há interpretação meio correta; não há imaginação aproximada; nem atos de paixão, atos de conhecimento ou atos de produção cultural que resultem pela metade. Seus produtos podem ser imperfeitos, é claro, ou seu resultado precário; ainda assim há um remanescente de completude afetando produtos e resultados que lhes imprime uma tendência ao absoluto: quando se negam, negam-se por inteiro e apaixonadamente, aniquilam-se via de regra por uma desilusão. A fresta só ocorre entre dois elementos que se devem acoplar com

ANDAIMES DO REAL: PSICANÁLISE DA CRENÇA 63

perfeição, mas, sendo distintos, concedem ao espírito que se detém a julgar de sua efetiva adequação a oportunidade de questioná-la. Ainda que seja com o fito expresso de a confirmar.

9

O homem precisa da superfície, entra em acordo com o mundo, ambos a constroem. Da mesma forma em que na sombra verde da mata ocultam-se as folhas novas, o quotidiano procura esconder sua construção paulatina e suas mudanças. A fisionomia conhecida de um amigo disfarça as rugas recém-chegadas, até que a alteração seja tamanha que já não se pode negar — então dizemos que ele envelheceu de repente. No pensamento, os componentes intermediários são reabsorvidos, parecendo que pensamos idéias prontas. Composta a aparência, ela é aparência de continuidade. *Fresta* é a hipótese de descontinuidade. O modo psíquico e a emoção correlata à hipótese de descontinuidade conhecem-se por *suspeita*.

A rigor, toda fresta é, ao fim e ao cabo, ruptura entre realidade e identidade. Entre a identidade do sujeito e a realidade de seu mundo, entre a face côncava, que assegura, limita e conforma o sujeito, e a face convexa, que assegura, limita e conforma o mundo, interdependentes na superfície de toda e qualquer representação. Ou seja, a fresta ameaça a confluência perfeita da dimensão de mesmidade do sujeito com a dimensão de objetividade que toda representação implicitamente supõe. Eis o sentido profundo e forte da película bifácie: mesmidade e objetividade confluentes e reciprocamente assegurando-se. Eis, também, a peçonha ontológica da fresta da superfície representacional.

Ocorrem frestas na junção dos sucessivos e na superposição dos análogos, ainda quando analogia e sucessão restrinjam-se a sê-lo na ordem lógica, que é, aliás, o caso mais freqüente. Emprestando uma terminologia um tanto gasta, porém, precisa aqui: frestas podem ocorrer nas séries sintagmática e paradigmática.

Entre percipiente e percebido, entre ato e resultado, entre os elementos sucessivos da corrente do pensamento, o espírito pode conceber fratura e inadequação, e experimentar suspeita. Os elos da cadeia do pensamento, por exemplo, não se devem destacar. Notado um elemento que seja, o fluxo revela sua temporalidade e periga fragmentar-se. Surge a suspeita de sua idoneidade e está engatilhada a especulação dubitativa. O esquecimento de palavras serve de modelo. Não perco simplesmente a palavra justa. Sua ausência não é um branco transparente, através do qual enxergo o substituto aproximado. É antes um branco leitoso a obscurecer meu intelecto. A palavra substituta parece-me singularmente inapropriada, sendo um preposto indesejado, mesmo que ela se preste igualmente bem ou até melhor à função que a palavra perdida. A presença vicária da palavra esquecida tortura-me, detém meu pensamento, atrai o caudal dos sinônimos e parônimos, força uma associação impertinente, torna-me inquieto e desconfiado. Por fim, chego a suspeitar de minha capacidade de lembrar qualquer coisa, testo-a, suspeito do léxico inteiro que possuo, suspeito principalmente, do acerto do pensamento em questão. E se a recupero, logo de um ingente esforço, sobrevem uma decepção: ela é tão menor que a perturbação causada por sua ausência, talvez nem sirva; não cumpre, em todo caso, o papel de satisfação que o torturante desejo vocabular pedia.

A especulação psicanalítica do lapso encontra aí um ponto de partida que, no seu estilo, é modelar. O esquecimento renitente deve-se a liames associativos censurados com o desejo reprimido. O pensamento onde caberia a palavra perdida encaminha-se para revelar tal aspecto do desejo, por uma de suas ramificações proibidas. Esta palavra em particular liga-se bem demais ao rumo censurado; por poder denunciá-lo, some. Recuperada, o pensamento já se firmou numa direção consentida, assim apenas um elo insignificante foi recuperado; como significante do desejo, o elo continua perdido, não se produz o levantamento da repressão, que, esta sim, teria satisfeito na medida o torturado desejo expectante.

Mas isso já nos traz, e logo veremos por quê, à ordem analógica. Os sinônimos haveriam de se equivaler, mas não se equivalem. Mesmo que denotem semelhantemente, ou quase, possuem conotações irreconciliáveis. Com efeito, no interior de uma mesma palavra, há todo um dicionário de sinônimos. Uma palavra denota significações diversas, complexamente interrelacionadas, e conota uma rede de valores emocionais matizados, que deitam raízes por toda a psique. A sinonímia interna da palavra ameaça abrir uma fresta analógica.

Na emoção e na ação, ocorre problema semelhante. Decompõe-se cada sentimento e cada ato em estratos quase paralelos, porém de valor desigual, como um bolo de camadas com recheios diferentes. Há muitas tristezas e ansiedades, alegrias e esperanças a residir em cada estado de tristeza, alegria etc. Abotoar a camisa tem mais abotoares que botões. Duas casas, das de abotoar ou de morar, não se equivalem. Uma mesma casa, aquela onde vivo, é outra amanhã. Que digo? É inúmeras, se caminho do quarto ao consultório. E todas elas se fragmentam e recompõem. A expectativa angustiosa e o tilintar do telefone, na madrugada, que certa vez anunciou uma morte, impregnam ainda o quarto, mas temperado pelo carinho feminino que adoçou a perda; desço a escada, a adega promete prazer; a cozinha, defronte, sorri confiante para os vinhos; a mesa, entre ambas, recolhe os dois sorrisos no tampo grosso; o corredor do consultório é a prefiguração de dois abismos: a expectativa de deciframento dos pacientes e a paixão do decifrador inseguro. Entro e, antes do divã, a mesa de trabalho parece dirigir-se à mesa de jantar: *veja o escrito que ele deve completar, alimente-o, prima, que eu me encarrego de o sugar*. Uma casa? Muitas? Mando-as calarem-se e atendo o primeiro paciente.

Há, portanto, frestas verticais e horizontais na estrutura analógica e na sucessão da aparência. A crise que as revela, ou pode revelar, sucede, via de regra, pela colisão de mau jeito entre conotação e seqüência, no cruzamento dos eixos vertical e horizontal. Entre percurso e objetos, entre palavras e discurso.

Voltemos ao esquecimento. Referia-me a seu curso, à destruição da aparência de solidez, de intemporalidade e de conseqüência acarretada por um lapso. Páginas atrás, por coincidência bem apropriada, fugiu-me uma palavra. Foi no meio do item terceiro deste capítulo, quando, ao completar a análise breve da crença perceptiva, propunha ao leitor dois horizontes diversos. O horizonte amplo que proporcionaria o estudo da contaminação de cada província da mente pelo modelo perceptivo e o horizonte restrito deste ensaio, onde a tentadora digressão simplesmente não cabe. Escrevi então: *"Deixo-o* (o horizonte amplo) *para algum autor mais sistemático ou para o leitor exigente"*. Escrevi *"exigente"*; todavia, antes de me decidir por esta palavra, estive, uns dez minutos, à cata da palavra correta, que estava seguro de ter lido num romance, no dia anterior. Sofri um bocado, reli partes daquele livro, cheguei até a revisar cuidadosamente a idéia de contaminação das funções psíquicas pela percepção, depois o argumento inteiro, procurando ostensivamente recuperar a palavra fujona, mas, sub-repticiamente, querendo certificar-me de um grão de incerteza que começara a alimentar acerca do item todo.

Molestou-me o esquecimento por mais de cinco laudas, intermitentemente. Zumbia como abelha, interrompia as idéias, fingia picar, mas não picava. Só no fim do dia, quando pensei em perguntar a alguém pela lista de todos os sinônimos de *exigente* — cogitara até de pedir-lhe que lesse o romance, mas guardei-me de propagar a obsessão neurótica —, só então é que a palavra voltou. Que decepção! Meu peito se desoprimiu, mas desiludiu-se a razão. A ansiada palavra era simplesmente: *"circunspecto"*. Que, é evidente, não se prestava em absoluto para completar a sentença: que sentido poderia lá ter *leitor circunspecto?*

Como o caso me intrigasse, decidi investigá-lo — medida útil, pois, como se vê, até nos danos salva-se algum lucro, ou um exemplo ao menos.

Circunspecto, no romance, usava-se no sentido de sério, grave, ponderado, modesto. Primeira associação: o leitor circunspecto concordaria com a supressão das ramificações do estudo. Não me convenceu a idéia inteiramente, parecia um pouco encomendada ou racional demais. Penso: o leitor circunspecto concordaria sim, mas também saberia censurar-me a tentação oferecida. E mais, julgaria falsa a modéstia declarada, pois não me tinha declarado capaz de redigir um longo estudo de taxionomia do espírito? — palavra que não escrevi, mas que me ocorreu. Circunspecto, exigiria o leitor de mim ser um autor circunspecto. Não prometa o que não sabe se pode cumprir. Violara, ademais, a circunspecção de autor científico, argüindo diretamente o leitor, numa linguagem de intimidade, muito usada, aliás, no romance lido.

Então: ambição, exibicionismo, falsa modéstia e a dúvida quanto à capacidade de desenvolver o tema. Esta série retornou, da repressão oportuna, a título de dúvidas sobre a parte do tema já desenvolvida. Parece tudo, mas não é.

Retornando ao trecho, surpreendo-me em não encontrar uma frase que pensara ter escrito. Teria sido assim: *além do mais isto é um ensaio sobre a crença, não um tratado de classificação do espírito.* Isto, ou algo por aí. Não sei se a escrevi noutra parte, sei que pensei tê-la escrito naquele momento. Estava satisfeito com a análise da crença perceptiva. Sentia-me capaz de pular do ensaio para o tratado.

Mais interessante que estas associações adventícias, contudo, foi a circunstância mesma da recuperação da palavra perdida. Como de costume, no fim da tarde, dirigimo-nos, os hóspedes, à sauna do hotel. Eu me sentia mais necessitado dela que nunca, o peito oprimido por uma leve, mas renitente angústia. É como se o termo esquivo se tivesse enrolado em meu tórax e o estivesse a comprimir. Lembro-me de ter

ANDAIMES DO REAL: PSICANÁLISE DA CRENÇA

pensado nisso vagamente. Ao entrar na sauna, o calor e a respiração profunda de imediato liberaram-me da pressão incômoda e senti-me capaz, ao mesmo tempo, de abandonar a preocupação e de encontrar com facilidade o vocábulo. Então, ele surgiu. Só algum tempo depois, porém, quando me dedicava a elucidar as causas do desaparecimento, apareceu-me com evidência irrecusável o fato de que havia atribuído inconscientemente a *circunspecto* uma etimologia ridícula e fantástica: *circunspecto = círculo no peito*. É óbvio que a origem real do termo é *circum + espectare*, ou seja, *olhar em torno de si*, ser cuidadoso e grave. Não obstante, prevaleceu, para efeitos corporais, a assonância da palavra, e, biblicamente, *o verbo se fez carne*, da forma mais irritante possível.

Resumindo o sentido geral desta pequena análise, pode-se dizer que durante a redação daquele item estivera presente em mim uma contradição emocional: por um lado, estava entusiasmado com o âmbito de minha investigação, estava de *peito estufado*, como se costuma dizer; por outro, tinha sérias dúvidas sobre minha capacidade de realizar uma investigação psicológica à altura da exigência inerente à introdução de um novo conceito psicanalítico, como é o caso da noção de *crença*. O produto desta contradição não poderia ser melhor expresso que por um círculo constringindo o peito, precisamente no momento em que estava a dar voz a minha ambição de autor. No fim das contas, escrever é isso mesmo, é estufar o peito, para ousar, e cercá-lo com cuidado, para não dizer bobagens.

Aqui está representado o choque do sucessivo, o rumo do parágrafo, com o analógico, as conotações da palavra denunciadora. Outras linhas associativas razoáveis deixemos de lado, por brevidade, por não serem pertinentes ao tema central e pelo risco de dizerem mais do que imagino que possam dizer. Sejamos circunspectos, uma vez pelo menos.

10

Análises como a anterior servem para mostrar o verdadeiro perigo das pequenas frestas. Uma representação qualquer, como o texto comentado, inscreve-se, por assim dizer, no lado de cima e no verso da folha de sua aparência. Um lado visa o tema, o outro visa o autor. Não visa tema e autor, porém, como duas entidades distintas, aqui, uma pessoa concreta e histórica, lá, um mundo complexo e parcialmente desconhecido. Isto sabemos que há, não é o duplo papel da representação lembrar-nos. Antes, o texto faz colarem-se, distinta, mas inseparavelmente, as dimensões temática e autoral. A dimensão temática não é mais que sua objetividade; no caso, uma sentença que escusa a digressão que não se fez. A dimensão autoral é somente sua identidade de escrito, mesmidade estilística que acusa uma produção homogênea, constante e plana: o autor é o próprio texto, enquanto linha de produção. A fresta lança suspeita justamente sobre tal distinção. Vê-se o tema escapar da superfície de sua objetividade, meter-se pela dimensão autoral, intrincar-se em conexões profundas. O tema começa a se escrever por linhas tortas, ganha terceira dimensão, muda-se em autor. E o autor ganha corpo espiritual, já não é só a identidade de um escrito, objetiva-se, fica sujeito a contaminações de idéias, é tematizado por seu texto, por fim vira um sujeito psicológico complexo. Emergem, a um tempo, da identidade autoral, minha subjetividade autêntica, isto é, a objetivação do processo de escrever, seus mecanismos ideativos complicados, indiscerníveis do assunto tratado; e, da objetividade temática, emerge sua espessura objetiva autêntica, os liames intrincados pelos quais o assunto se pensa a si mesmo, subjetivamente. Da realidade e identidade representacionais, brotam a pessoa do autor e o mundo real, porém fundidos na produção emaranhada do texto.

Pela fresta, que é um ínfimo descolamento da identidade com sua realidade, passa uma suspeita enorme; esta põe em cheque a confiabilidade das conclusões, a idoneidade do autor, desloca o leitor de sua passividade receptiva, o induz a procurar outros lapsos e a penetrar na confecção das idéias expostas. Essencialmente, uma fresta lança suspeita sobre a montagem da aparência.

É próprio da suspeita essa tendência a alastrar-se, a multiplicar-se, a espionar níveis diversos. Ela reforça-se de seu exercício mesmo, toma corpo e destrói toda aparência que se lhe depare pela frente. A fresta que a lança, como Iago ou Marco Antônio, perde o controle de seu destino: *"Oh mal!, posto em marcha, toma agora o rumo que te aprouver"*. Pois a suspeita é o reverso perfeito da crença na aparência, é a crença modal na falsidade de toda e qualquer aparência.

Diante da suspeita, o espírito molestado pela perda de identidade e realidade, ou perde-se inteiramente nela, ou deve recorrer a um expediente de contenção: aprisiona a suspeita geral num espaço rigidamente delimitado. Esta operação mental que domestica a suspeita, encaminhando-a para sua abolição, chama-se *dúvida*. A suspeita é indefinida e visa a espalhar-se por toda a superfície de uma dada aparência; já a dúvida captura este questionamento ilimitado e o transforma em proposições alternativas: será isso ou aquilo. O estado de dúvida é a suspeita restrita a umas quantas hipóteses conflitantes, uma das quais há de se impor eventualmente. Há uma parada indecisa, no estado de dúvida, que obsta a ação concreta. O espírito, este caminha oscilantemente para a convicção. Por conseguinte, a dúvida é já um movimento de sentido contrário ao da suspeita, é a estrada de retorno: a dúvida é o começo da convicção.

Experimentemos fazer um jogo ligeiramente paranóico com o experimento anterior de um esquecimento de palavra. Em nosso exemplo, um leitor verdadeiramente suspeitoso, diante das confissões deste autor, poderia suspeitar da integridade de toda e qualquer obra escrita; contudo, se puder lançar mão da dúvida, limitar-se-á, uma primeira vez, duvidando apenas desta. Depois, talvez venha a se refugiar nalguma especulação dubitativa convencional, como a querela entre teoria e biografismo do texto psicanalítico.

São os sonhos e as associações inconscientes que produzem as teorias, só aparentemente racionais, ou o autor psicanalítico, como os demais, pensa objetivamente, sobre um fundo de possíveis contaminações emocionais? Há que o ler a partir de sua história, ou ignorá-la, concentrando-se nos livros? E como nenhuma das opções é razoável, morre a dúvida, matando a suspeita, e o leitor volta pacificado a ler.

Suponhamos, entretanto, um leitor menos ingênuo e uma dúvida mais pertinente. Pelos arredores do biografismo, ele escolherá talvez uma trilha menos óbvia. A combinação de vaidade com uma autocrítica cerceadora, que a análise do lapso evidenciou, talvez se espelhe na ausência de citações deste escrito. Talvez o autor quisesse citar tudo e, não o podendo, restrinja-se demasiado e nada cite. Com isso, pode até parecer original.

Ou, pelo caminho da teoria pura, o leitor arguto pode dissecar o argumento demonstrativo da crença. É sempre o mesmo esquema que vem sendo usado. O lugar de um elemento suprimido — o corpo, o tempo, o contágio projetivo — vem a ser ocupado pela função que se quer elucidar: da supressão de um elo com o objeto ou com o próprio pensamento, surge a crença na aparência. Não será uma elaborada petição de princípio, especialmente armada para sustentar esta investigação?

Ainda assim, o crítico duvida apenas. Põe em dúvida a probidade do autor e o acerto da obra, mas continua a ler, talvez com o gosto maior da recém adquirida superioridade. Pior será o destino daquele que tomar esta metaleitura, que pus na boca do leitor, como índice de uma atitude defensiva. De passo em passo, nunca haveria de chegar a uma dúvida localizada, ficaria sempre um pouco aquém do texto e, como a flecha sofista do arqueiro grego, nunca haveria de cravar-se no alvo da crença, com a energia da convicção; suspeitando e suspeitando, flecha e leitor permaneceriam, literalmente, no ar.

Todavia, se a paranóia deliberada dos últimos parágrafos já foi suficiente para fazer intuir o mal-estar da suspeita, avancemos diretamente até o rito de convicção. Para convencer-se, fazem os homens o seguinte. A fresta fê-los suspeitosos, mas isso lhes desagrada ao extremo. Decididos a eliminar a suspeita, reduzem suspeição a dúvida, bem posta ou mal posta. Se não conseguem formular uma dúvida eficiente, formulam uma dúvida retórica, arbitrária. Fingem para si próprios que o ponto duvidoso está aí e em nenhuma outra parte. E põem-se a cogitá-lo.

A dúvida adquire, então, tonalidade emocional de estranheza. Isto não parece certo, é esquisito, não é, de modo algum, aquilo que parece ou o que se pretende que seja. É estranho.

A estranheza (ou seus parentes emocionais, o espanto, a admiração, a repugnância etc.) configura um momento de resistência prévia, essencial para o rito de convicção. Sucedem-no os preliminares da relação de certeza. Primeiro, a dúvida eleita engendra dúvidas menores, subsidiárias ou alternativas. O espírito as rejeita, vencido pela força da dúvida maior. Não se pode duvidar de tudo, dirá, esta dúvida maior concentra os casos menores. Aduzirá pró e contra alguns argumentos; fazendo a corte à certeza pacificadora, afasta-se o espírito dela um pouco demais, como que por despeito, e, vendo que exagerou, indo a uma conclusão tão oposta que só pode ser errônea, volta à hipótese contrária, à certeza namorada. Dá-lhe um beijo rápido e roubado à dúvida, depois um ardoroso, acaricia a idéia de reconciliação, convence-se a experimentar. A essa altura, a estranheza mudou-se em incerteza, e a incerteza em simpatia. E como a carícia ideativa de uma concepção, igual que a suspeita, leva-se a si mesma e a si mesma se embala, desvanece-se a dúvida, acelera-se a penetração na certeza, o movimento pendular da dúvida que some excita o avanço da certeza, e sobrevém a convicção, orgasmo espiritual, mas bastante efetivo. Depois, é a paz reencontrada.

Se tal procedimento descritivo do rito de convicção parece um tanto leviano e outro tanto indecoroso, é um filósofo profundamente sério, Bachelard, que nos faz lembrar, no seu ensaio primoroso sobre a imaginação das águas, que, no inconsciente todo ato é o Ato — querendo, com isso, recordar a primazia representacional do ato sexual. Quem sabe, nossa conclusão possa acrescentar-lhe um adendo. Todo ato é o Ato, está certo, mas que ato é este? Que é, em si mesmo, o Ato (sexual) inconsciente, tal que sirva de modelo, guia e parâmetro de todos os atos concretos, inclusive o coito. Estará mais próximo do coito ou do ato de convicção? Ou não será mais que uma estrutura de ação indefinida mas eficiente, no arranjo de todo e qualquer ato concreto? Noutras palavras: conhecemos o Ato Sexual?

Ou, afinal, talvez seja mais acertado reconhecer, em nossa descrição, simplesmente uma tentativa vã a mais, dentro da tarefa interminável de pensar o ato. De qualquer modo, a descrição do rito de convicção como ato sexual não se deve tomar por mero recurso retórico, por metáfora superficial. Será, antes, a transposição da profundidade do ato, de seu valor inconsciente fundador, para a superfície representacional, onde vigora a crença.

Esse rito, cada tipo de pensamento realiza-o a seu modo e com seus instrumentos específicos. As ciências positivas reduzem a suspeita a hipóteses pareadas, das quais, uma já tem a marca da certeza antecipatória. H_0 serve para estabelecer a dúvida, como resistência preliminar à vitória de sua irmã. Executa-se o rito estatístico, com cerimônia própria, vence H_1 e, associado eficazmente ao rito de vitória, o sentimento de convicção domina o espírito científico.

Ou é a prova de autoridade. Contrapõem-se os autores menores para estabelecer a dúvida. Aduz-se a opinião aristotélica, ou a de seus epígonos modernos da área correspondente, desfazem-se os *probabiliter*, e a convicção se impõe.

Na filosofia, não se pode fugir também à redução dubitativa da suspeita. Posta esta, o caminho para a destruição da superfície aparencial é ensaiado, com toda a seriedade, até o ponto em que, por cálculo antecipado, surge a necessidade de salvar alguma coisa importante — a possibilidade de pensar, a concretibilidade das coisas, a idéia de Deus ou de universais etc. etc. Seria preciso examinar cuidadosamente o colete de Descartes, para verificar se a idéia da fidelidade divina já não estava guardada nalgum bolso, antes mesmo de que nos emaranhasse o cipoal niilista da dúvida sistemática. Pôr a perder, para depois salvar a aparência, eis o caminho da convicção filosófica.

É no quotidiano, entretanto, que o rito de convicção sucede com maior freqüência e menor alarde. Ele se dá em corrente contínua, alimentando pequenas e grandes certezas, no processo social de garantia da aparência ameaçada. Sustenta os estados de crença, por leves seqüências rituais, como, por exemplo, a comparação de noticiários de jornal, onde um, supostamente tendencioso, convence-nos do outro, fidedigno. Nas profissões de fé, quando a suspeita agrediu em cheio a crença modal, é que se torna extremado o rito, e o quotidiano imita as ciências. O rito de convicção proporciona uma representação peculiar nesse caso. Apela para o imaginário, excele-se na estranheza prévia, empenha-se num contágio a ser negado. De tamanho esforço para salvar a superfície aparencial, provêm as características curiosas da fé comum. Na religiosidade popular, nos fenômenos de partidarismo, da torcida de futebol à política, nas fés medicinais, do naturismo ao exercício diário, é sempre uma identidade extrema que se manifesta. São representações fortemente suportadas pelo imaginário, muito ameaçadas de contágio, vivendo à beira do espanto. Daí sua violenta reafirmação e a solidariedade apaixonada dos pequenos grupos. Pois acontece que, na verdade, se está defendendo toda a aparência em cada minúsculo pormenor; logo, nem um grão de suspeita pode ser tolerado nesse regime, exatamente porque ele está construído sobre uma fresta, ou melhor, sobre uma autêntica falha tectônica, um buraco capaz de engolir toda a certeza comum.

A rigor, o rito de convicção não suprime a suspeita nem produz a crença. Opera no espaço intermediário entre esses dois limites. Da suspeita à dúvida, da dúvida à convicção, ele repete-se compulsivamente, com a insistência monótona dos mecanismos neuróticos. O rito de convicção, com efeito, é a dimensão neurótica do espaço da crença. Histericamente, recalca a suspeita; obsessivamente, reitera a dúvida para certificar-se; e reflete, na superfície da aparência, a título de sintoma, o Ato inconsciente, repetitivamente. Trata-se o rito de convicção, portanto, de um movimento neurótico do espírito, afetado pelo trauma originário da cisão homem-mundo, que tenta reconstituir a unidade, reproduzindo artificialmente a distinção. A convicção quase chega a recriar identidade e realidade, sintomas da cisão, mas como todo processo neurótico, falha a um milímetro de produzir a representação definitiva de sua inutilidade.

Suspeita e crença, ao contrário, estão fora do trânsito neurótico. Não requerem movimento espiritual para sua constituição.

Delimitando o espaço da neurose, elas próprias, crença e suspeita, pertencem à dimensão psicótica que afeta o espírito, imerso na superfície aparencial. O narcisismo do real, expulsando o homem de seu reino, reedita o trauma da cisão primária entre homem e mundo. Onde o movimento neurótico falha, resulta a paralisia da representação psicótica. A película bifácie da vida quotidiana, identidade-realidade, é sustentada pela crença. Nesse sentido é análoga ao delírio que fixa, numa representação definitiva, a forma identitária final do psicótico e a do mundo que sua loucura concebeu. Já a suspeita rompe inteiramente a representação de superfície, de forma comparável ao mergulho psicótico, que imerge o paciente na desrealização e na despersonalização. Mergulho no contágio universal ou representação fixa de superfície, duas condições-limite do mesmo campo.

Em suma: no campo da crença, os fins, psicóticos, justificam os meios, neuróticos, de manutenção da normalidade.

Capítulo II
ENSAIO SOBRE A CRENÇA NO SISTEMA CAMPO-RELAÇÃO

Introdução

A crença é, portanto, um dos modos do funcionamento geral do psiquismo, que consiste essencialmente em garantir a permanência e a integridade da representação produzida, por meio do reinvestimento apropriado nela de certas características de algum elo suprimido da cadeia de sua produção. Vimo-la utilizar-se da supressão do corpo no ato de percepção comum, transformando esta supressão numa espécie de sentido de corporeidade do percepto.

A supressão do corpo é provavelmente seu melhor paradigma. Entretanto, aquele que mais facilmente se pode intuir, e que justifica o emprego deste termo tirado do vocabulário psicológico vulgar, é a supressão de um elo na cadeia do conhecimento. Quando se fala em crença, habitualmente pensa-se nisso. Diante de algum problema prático da vida, o pensamento humano poupa-se o trabalho de investigar cada uma das mediações necessárias para encontrar a solução adequada, saltando diretamente à conclusão final. Naturalmente, esta economia de uma ou mais etapas intermediárias é também familiar ao pensamento científico mais rigoroso. Na Física, por exemplo, um problema relativo ao deslocamento de um corpo pode ser resolvido pela introdução de uma fórmula já demonstrada, tal como: $S = So + VoT + \frac{1}{2}AT^2$, que é a fórmula do movimento retilíneo uniformemente acelerado. Os passos que conduziram a esta fórmula são suprimidos e, sua supressão, transforma-se em garantia do resultado, ou seja, a fórmula matemática ou física é um exemplar mínimo de crença — residindo sua pequenez no fato de bastar um esforço mínimo para refazer-se a demonstração da fórmula.

As fórmulas da vida quotidiana, porém, foram demonstradas de maneira muito menos simples e raramente é possível repetir a demonstração, como seria o caso de uma fórmula matemática. No entanto, funcionam de modo parecido. Um dito popular — *onde há fumaça, há fogo*, por exemplo — é uma fórmula que justifica a crença em quase qualquer tipo de maledicência. Os passos da demonstração dessa fórmula não seriam demasiado convincentes, contudo. Em primeiro lugar, nem sempre o fogo está onde está a fumaça; em segundo, o campo de aplicação, a vida alheia, não obedece necessariamente às leis ígneas da natureza; em terceiro, a verdade expressa por tal fórmula quotidiana é, simplesmente, que qualquer sinal é bastante para crer no que me dá prazer acreditar. Assim, torna-se compreensível como o reinvestimento do produto da supressão de elos de conhecimento prático — no caso, deveria investigar diretamente se o que se disse a respeito de fulano é verdade ou não — desperte, simultaneamente, certeza e descrédito: certeza, se participo do interesse em acreditar, mas descrédito geral pela crença, manifesto em meu desprezo pelas crenças alheias.

Opiniões, impressões, sentimentos etc. são exemplos comuns de crença. Sempre utilizam o mesmo processo. Valem-se de um núcleo formado pela contração de inúmeros passos de conhecimento, como fórmula de cálculo prático. Quando uma dessas fórmulas se consagra socialmente, ao ponto de poder ser nomeada e atribuída a um grupo especial de pessoas, chamamo-la também *crença*, pois ela contém resumidamente toda a força de asseguramento necessária a gerar crenças diversas. É assim que se diz crença na medicina caseira, crença num partido, crença na ecologia etc. Significam estas "crenças" que é suficiente ter um argumento a forma aproximada de uma delas para que esteja automaticamente garantido. Qualquer sentença que envolva a expressão *defesa da natureza*, ou que tenha a forma geral do argumento: *os homens estão-se destruindo, por quererem impor-se a qualquer preço à natureza*, goza de credibilidade automática do partidário verde. Argumentos da forma: *se não faz bem, mal não faz*, têm força de verdade para os adeptos da medicina alternativa. Por outro lado, os adeptos da ciência são igualmente crédulos, a menos que sejam realmente cientistas, e ainda assim...

Entrando mais fundo no funcionamento psíquico, uma perversão, o fetichismo, por exemplo, ilustra muito bem a operação das fórmulas que representam elos suprimidos de conhecimento. A fórmula da parte pelo todo é garantia de satisfação para o fetichista; a da posição do observador de uma cena, para o *voyeur*. Em cada neurose, há fórmulas de crença equivalentes e os delirantes têm também as suas, características de cada psicose.

A supressão de um ou de muitos elos do conhecimento, portanto, transforma-se em garantia das conclusões e da correspondente representação. O que estamos acrescentando aqui, neste ensaio, é que, generalizando a função da crença — e, com isso, alterando também o uso corrente do termo —, o asseguramento de qualquer tipo de representação segue um caminho semelhante. Apenas que, enquanto a supressão de elos de conhecimento assegura um "conhecimento", muitas vezes falso, da representação, a supressão do corpo garante-a corporalmente, com resultados ainda mais peremptórios.

No processo de criação de uma idéia ou de um sentimento, existe, por outro lado, uma espécie de processo corporal, só que este envolve o sentido de corporeidade mental. Uma idéia produzida justifica-se pela sua ligação com as demais, por vínculos, digamos, *horizontais*. Mas, a criação da idéia, em si mesma, depende de uma lógica diversa da razão horizontal, desta que julga, coordena, aprova ou desaprova certa representação. A lógica da produção psíquica de uma idéia ou sentimento aproxima-se mais daquilo que a Psicanálise define como processo primário. O processo de produção envolve passos como deslocamento e condensação, mas também associação por similitude, por paronímia, por vínculos da história do desenvolvimento pessoal etc. A verdade é que não conhecemos bem este processo; muito devagar a Psicanálise e outros ramos do saber aparentados vão descobrindo partes isoladas desse tortuoso e misterioso caminho. Mesmo sem o ter suficientemente mapeado, podemos todavia lidar com ele. O fato é que este processo possui uma lógica, ainda que pouco conhecida. Por falta de nome melhor, chamemo-lhe *lógica de concepção*, já que é ela que preside à criação ou concepção de nossas representações.

Ora, de novo, é a supressão da lógica de concepção de uma representação que permite que esta seja crida. Se está presente e à vista, o resultado é que a representação apenas representa o próprio processo de engendramento: num teste de Rorschach, por exemplo, até mesmo para o leigo, a borboleta vista numa das pranchas não representa uma borboleta real, mas sim algum valor psicológico, por menos claro que este possa ser. E, no caso, a lógica de concepção nem sequer estava presente, dá-se apenas que o modo de aparecimento da representação — o estímulo vago, o contexto do teste etc. — já continha uma referência hipotética à existência de tal lógica, a mecanismos psicológicos subjacentes.

De todos os suprimidos, este é o que mais o deve ser. A dimensão "psicológica" tem o dom de literalmente eliminar a credibilidade representacional do produto, sua capacidade de indicar o que se passa na realidade ou na identidade do sujeito. Qualquer mensagem prática sobre a vida, se contida num teste psicológico, valendo-nos do exemplo acima, dificilmente viria a ser seguida no quotidiano, sendo antes tomada como uma espécie de engodo, com o fito de expor as entranhas da alma. No quotidiano, só o louco tem psicologia, os homens comuns, para que os possamos crer, estão rigorosamente isentos dela, para fins práticos de comunicação.

Por conseguinte, podemos dizer que a supressão da lógica de concepção é a fonte mais forte de crença e sua inclusão implica o desmantelamento radical da mesma. Fato é que a lógica inconsciente de concepção jamais ocupa o lugar da razão comum, em condições ordinárias. Certa medida de infiltração, porém, ocorre às vezes: então as representações conseqüentes parecem-nos nebulosas, estranhas, duvidosas, ou, para dizê-lo com franqueza, extremamente perigosas. Os sonhos, como todos sabem, apresentam resíduos de concepção, por isso são sagrados ou desacreditados. Nas idéias psicóticas, a presença dessa lógica exprime-se em paralogismos ou ligações muito pouco aceitáveis, vem daí que o psicótico creia de forma muito especial, forma à qual ainda chegaremos neste livro, mas que suas concepções mereçam de nós profundo repúdio.

A função da crença administra, por assim dizer, a medida de lógica de concepção que pode entrar numa representação — não a forma pela qual a representação se cria, mas o quanto da ordem da criação que esta pode manifestar. Em geral, é pouco ou nada. Mas, quando surge uma crise do sistema de campos que gera as idéias, por vezes a crença permite que um tanto da lógica desses campos se manifeste, da mesma forma como a censura permite por vezes que um tanto de sentido proibido passe, como uma espécie de amostra do que seria sua desativação total, no processo conhecido por *angústia-sinal*. Claro que estamos antromorfizando a crença, como Freud o fazia, aliás, com a censura ou com os mecanismos de defesa. Mas se compreenderá que isso é apenas um recurso de exposição. Na verdade, a função da crença não tem mais intenções que qualquer outro sistema defensivo, ela opera sobre o fato consumado. O fato de infiltrar-se alguma lógica de concepção nas idéias produzidas e a utilização desse mínimo como "sinal de perigo" incluímos entre as *operações da crença*.

A infiltração de lógica de concepção cria um sentido profundo de ato de criação. Nos atos sociais, por exemplo, em que o comprometimento intenso dos parceiros torna evidente estar-se a criar um sujeito na própria ação — isto é, quando há paixão coletiva, nas produções artísticas grupais etc. —, a infiltração da lógica de concepção é relativamente mais notória. Então o sentido social é quase como um corpo em movimento: há menos exigência de crença nas representações, as quais se garantem naturalmente por sua corporeidade conceptiva. Isso justifica, em parte, a impressão de ter agido loucamente, que sucede à ação coletiva, quando o indivíduo sobre ela reflete *a posteriori*.

Para compreendermos melhor a administração que faz a crença da lógica de concepção, assim como de outras propriedades do campo, é preciso, porém, utilizar, a partir de agora, os recursos do sistema campo-relação. E como o efeito de infiltração redunda usualmente no processo de suspeita, já introduzido ao leitor no capítulo primeiro, lançaremos mão desse conceito como guia, em boa porção do texto seguinte. Este nos levará, portanto, da condição já intuída da crença modal até seus avatares menos evidentes: primeiro a suspeita, depois o preconceito, por fim, já no terceiro capítulo, à crença absurda do delirante.

1

Comparamos a crença à tensão superficial dos líqüidos. Como esta última, a crença proporciona relativa capacidade de sustentação à superfície representacional. Como a tensão superficial, por outro lado, reveste-se a crença de aspecto quase paradoxal; ou melhor, sua constituição de superfície envolve dois paradoxos. O primeiro poderia dizer-se, por analogia, *paradoxo do desejo*. Mantém-se vivo o desejo humano sob a condição de não se realizar completamente, nem desesperar da realização possível. A tendência tantalizante é seu modo de haver, meias satisfações o alimentam; mas a satisfação completa, a que mata a vontade — expressão tão feliz — remete-o a uma condição que o nega e onde já é impossível estudá-lo: satisfeito, não há mais o desejo que se satisfaz, há um fato indesejado, seja bom ou mau, querido, abominado ou indiferente[8]. Assim também a crença. Realizasse seu desígnio de solidez, a superfície da representação havia de adquirir uma condição diversa, como a superfície do líqüido que se solidificou. A superfície congelada de um lago ainda é água, mas já não é líquido nem possui tensão superficial. Um estrategista do xadrez afirmou certa vez, com sabedoria: *é mais forte a ameaça, do que a realização da ameaça*. Pois bem, a representação absolutamente sólida ganha ares de coisa e exige nova representação; isto nos ensinam certos quadros obsessivos, que beiram a psicose, onde a representação reificada, imutável, realiza a aspiração de certeza, mas lança o sujeito na infinita necessidade de testá-la, de investigá-la, de assegurar-se de sua veracidade, por meio de nova representação, que acabará por sofrer igual destino — já que se trata de nadar sem o menor risco de afogar-se, ele escolhe, com certa lógica masoquista, a superfície congelada de um lago.

O segundo paradoxo refere-se ao modo de produção da crença. Da mesma forma que a tensão superficial do líqüido, efeito de superfície originado pela dinâmica total da massa líqüida, a crença reflete, à flor da superfície da representação, a interação gestacional dos campos. Nesse sentido, a crença é, ao mesmo tempo, o resultado da profundidade psíquica e sua mais perfeita negação. É que o campo produtor de uma representação qualquer assegura-a de maneira completa; verticalmente, por assim dizer, o campo está absolutamente "convicto" de sua representação, enquanto a representação está absolutamente "crente" em seu campo, sendo este seu inteiro horizonte, negativo e inconsciente. No entanto, a convicção absoluta

---

8. Estou fazendo uso da concepção de satisfação média do desejo implícita no processo analítico que desenvolvi no capítulo 8, "Desejo, representação e a clínica da crença", de *Clínica Psicanalítica: A Arte da Interpretação*.

do campo e a crença absoluta da representação não constituem verdadeiros exemplares de crença. Não há entre campo e relação qualquer fresta naturalmente concebível — o processo psicanalítico opera algo do gênero, mas este processo não tem nada de natural. Sem fresta possível, a "convicção" do campo não resulta de nenhum movimento anímico concreto, nem se experimenta como emoção. E, por seu lado, a "crença" da relação em seu campo é mera pertinência ou conformidade, não assegura a representação do campo, por natureza irrepresentável. A título de aproximação comparativa, poder-se-ia dizer que a crença é a estática superficial correspondente à dinâmica profunda dos campos geradores.

Aspira a crença, conseguintemente, a uma solidez contraditória e reflete uma geração que a nega. Tais contradições, que não serão as únicas com que teremos de lidar, não configuram uma moléstia da crença, como pode parecer à primeira vista, mas constituem sintomas da posição particularíssima que ocupa ela em face de seu próprio campo gerador. Não são fraquezas, ligam-se antes, com coerência, às razões mesmas de sua força de asseguramento. Pois seu campo específico, como logo veremos, opera segundo princípios também paradoxais.

2

Antes de definir as propriedades do campo da crença, axiomática um tanto seca, convém tentar uma aproximação ao revés. Comecemos com a suspeita, reverso da crença.

Suspeita e crença são parentes consangüíneos, ou melhor, são gêmeos brigados. A suspeita propõe a falsidade da representação. Isso poderia ser crença, pura e simplesmente, se a suspeita se soubesse moderar. Afinal, crer na falsidade de uma representação, representar esta falsidade, recorrendo à representação contrária e crer nesta última é um percurso extremamente habitual da razão humana. Ou seja, não é o reverso da crença, mas um de seus destinos.

Todavia, a suspeita é imoderada e desmedida. Não se contenta em descrer de uma representação, mas crê na falsidade de toda representação, ou seja, repudia o modo representacional da psique. Gerada por uma fresta entre identidade e realidade, a *suspeita modal* (por analogia à *crença modal*) invade toda a superfície da aparência, descrê de cada qual e de todas as representações, mas exige sempre novas representações das quais descrer. Sucedem-se as aparências sem que seu apetite se satisfaça: a suspeita é uma insaciável devoradora de aparências. Veja-se, por exemplo, a erotização fálica da suspeita, o ciúme. O homem cioso, atormentado por ciúmes, é um pesquisador insaciável. Procura a verdade, parece desejá-la de todo o coração, procura-a com requintes de detetive e de cientista; todavia, não a quer encontrar. Toda aparência de honestidade é um acinte, para o ciumento Otelo. Pois a honestidade, sendo aparência, é intrinsecamente falsa, esconde seu contrário. E é precisamente aí que ele acerta e erra. A aparência esconde, de fato, algo que é seu contrário; não, porém, uma aparência oposta, mas uma profundidade geradora. Por trás do amor aparente de Desdêmona, a crer na peça, não se esconde a realidade de sua traição; o amor aparente é a realidade de seu amor, como, se fosse o caso, poderia ser a realidade da suposta traição, aparência também. Sob a aparência do amor de Desdêmona esconde-se na verdade a profundidade do amor de Desdêmona, inatingível campo gerador. E esta profundidade irrepresentável é o que parece perseguir Otelo: ela o persegue, ele a tenta representar desesperadamente, invertendo o sentido da superfície aparencial, de amor em traição, e aperta-a mortalmente, até matá-la por sufocação. É como se Otelo não suportasse admitir que não possui inteiramente a bela aristocrata, por não possuí-la também na sua interioridade psíquica. Não partilhando do campo social de Desdêmona, a requintada e corrupta nobreza veneziana, está sempre diante da insatisfação de apenas conhecer a esposa pela via de sua aparência, só de fora. Com isso, empurrado por Iago, torna-se um odiador de aparências, ele, que só se contentaria com a essência profunda do campo do amor. É verdade que as aparências enganam, como afirma o ditado — enganam porque nada revelam do campo gerador —, o erro de Otelo, nesta interpretação, seria haver confundido este engano posicional e inevitável, com ser sexualmente enganado, quer dizer, traído. E, ao tentar extrair o suco profundo do amor da esposa, só lhe resta nas mãos um cadáver vazio e ele próprio, vazio amante, quase já cadáver. Naturalmente, como a aparência de amor não entrega seu campo, seria permissível a um psicanalista viciado em contraditar as aparências até supor que Desdêmona poderia ter estado inconscientemente apaixonada por Cássio. E então? Nem Iago, nem Otelo o saberiam, nem Cássio, nem Desdêmona: em compensação, tampouco o poderia saber Shakespeare.

Mais sutis nos zelos, mais traídos provavelmente, quiçá até mais infelizes, o Bentinho, de *Dom Casmurro*, e Marcel, de *La Prisonnière*, resolvem diferentemente a questão das aparências. Para ambos, a suspeita reside na atração mesma do objeto de amor. São os "olhos de ressaca..., de cigana oblíqua e dissimulada", de Capitu, que atam o futuro Casmurro; é o contraste entre "a pele de pêssego", a aparência sadia e esportiva, e a endiabrada falsidade de Albertine, encarnada, por exemplo, naquele magnificamente descrito "princípio do efeito múltiplo da ação", que seduz Marcel. Mas ambos encontram uma solução no próprio nível da aparência.

Ezequiel, o filho suspeito, entra correndo; Bentinho e Capitu olham-no, voltam-se em seguida para o retrato de Escobar, depois entreolham-se, e tudo está acabado. Revelou-se o segredo da aparência, a paternidade adúltera. Será? De imediato, Bentinho imagina o retrato do amigo em pequeno, terceiro termo da aparência, este sim definitivo, mas ausente — e se transforma em Dom Casmurro para sempre, recusando o amor, a vida e seus deleites. Contudo, permanece suspeitoso, pelo tempo longo que as quinze linhas do último capítulo sintetizam: estaria já a menina dentro da mulher traidora? Sim! "Como a fruta dentro da casca", responde ele. Fecha-se para Bentinho o percurso da suspeita, numa interrogação a propósito da geração da falsidade que, podemos inferir, repetir-se-á infinitamente, sendo respondida afirmativa e enfaticamente cada vez. A casca é a própria fruta, nada há dentro de uma fruta que não seja fruta, mesmo o caroço, promessa de outras frutas semelhantes...

Mais dilatado e minucioso, mas nem por isso mais profundo, o ciúme proustiano pesquisa infinitamente a possibilidade de traição. Cada interrogatório de Albertine e de Andrée exige um contra-interrogatório, que se subdivide e multiplica; cada viagem, passeio, confeitaria, que afastam Albertine de uma tentação, aproximam-na de outra tentação ao "vício, pois Gomorra andava dispersa pelos quatro cantos do mundo." Cônscio de que ele próprio organizava o esconde-esconde, no qual Albertine sempre havia de escapar para um pique do outro lado da aparência, opta por construir sua vida amorosa no modo do ciúme. Fixa a suspeita por este meio numa representação viva da suspeita; roupas que lhe compra, adereços que combina, penteados que supervisiona, horários e demais minúcias servem para decorar o cenário fantástico de um amor ciumento, vivido como representação cênica. Controla Marcel a obcecante necessidade de conhecer o que está do outro lado da aparência, edificando uma representação aparencial do ato de criar aparências — duplicação equivalente ao cenário que representasse um palco de teatro — e instala-se dentro, com Albertine transformada em elemento plástico da montagem teatral do ciúme — ela, que o próprio Marcel confessa já lhe ser quase indiferente, a não ser pelo ciúme que lhe tem. A suspeita é novamente contida na superfície da aparência, não chega a destruí-la, mas tampouco deixa de operar.

A suspeita, ciumenta ou não, quer saber o que está do outro lado da aparência, porquanto aparência é falsidade. Examina, busca o ponto fraco, atravessa uma aparência, mas a perspectiva que alcança é de outra aparência e assim por diante. Nossos três ciumentos famosos, sob o domínio do amor, embora de amores tão dessemelhantes, tiveram que se deter na aparência: Otelo, destruindo o amor aparente; Bentinho, satisfazendo-se com a aparência de traição numa fotografia; Proust, convertendo a suspeita num cenário de ciúme.

O que encontraria a suspeita para além da aparência? Ela suspeita que a verdade. Há um modo anal da suspeita, o sadismo suspeitoso. Está ele presente também no ciumento, já se vê; todavia, sua ação gera dois tipos excelentes, onde é quase puro: o torturador e o obsessivo. Para o sádico torturador, a verdade está oculta sob a pele que disseca lentamente, no fundo do mais fundo. O torturador físico ou moral, o policial consciencioso e obstinado, o confessor escrupuloso, levantam camada por camada do corpo e do espírito, para achar, lá no fundo, o quê? Quatro: seu retrato! O policial obtém a confissão que cria, sugere, exige e por fim impõe. O confessor, mais discreto, obtém de imediato a confissão; porém recebe depois outra e mais outra, até chegar, confessor verdadeiramente escrupuloso, a não saber se são verdadeiras as confissões ouvidas, ou se são fruto de escrúpulos de consciência — esta velha maldição dos confessionários, que consiste em pensar que é melhor confessar um pecado hipotético, que se arriscar a omitir um real. Note-se como no mais fundo da aparência há somente um espelho, a aparência de todas as aparências, onde se refletem o pesquisador e a pesquisa. É bom que o recorde o analista das profundezas, que só sabe enxergar resistências contra as teorias ou contra a experiência analítica; chegando a vencê-las, verá seu retrato no fundo do paciente: o de suas teorias e o de suas experiências, sempre o retrato falado de si mesmo.

Já o obsessivo suspeitoso vai e vem, repetindo o rito de convicção. É que, como vimos no item anterior, a suspeita o leva a solidificar a representação, tornando-a confiável e imune a equívocos, mas inutilizando-a como representação, o que o leva a necessitar imediatamente de outra representação que a represente.

Se, entretanto, o obsessivo irrompe sadicamente para o outro lado da representação, fica detido no espaço que medeia entre a ordem de geração, o campo, e a relação representada. Não dá o mergulho psicótico no campo, nem consegue resolver-se por uma encenação histérica satisfatória. Sua vida reduz-se à pesquisa das malhas de sustentação da aparência. Ali, depara-se com caminhos que se subdividem ao infinito, que fazem rodeios impossíveis e caprichosos quebra-cabeças, cada qual a exigir-lhe o percurso e a solução, prometendo sempre, como prêmio, uma totalização final. Kafka soube, como ninguém, iluminar este tipo de percurso e as várias formas de o trilhar. Ou espera à *Porta da Lei*, ouvindo o relato das maravilhas e terrores do campo da justiça, ou caminha rumo ao *Castelo* inatingível, campo do poder legitimador, ou inquire, instância após instância, os destinos do próprio *Processo* de condenação a que todos os homens estão sujeitos, o campo da morte. O comum dos obsessivos, que pertence ao comum dos mortais, pára, via de regra, na repetição do rito de convicção, nos sintomas de repetição compulsiva. Alguns eleitos, no entanto, vão além, inquirem, percorrem e encontram, por único prêmio, a própria imagem de seu percurso e de sua inquirição.

Finalmente, o apetite voraz da suspeita pode revestir-se de sua própria pele. O modo oral, o mais bruto dos três neste tema, reduz-se a negar com violência a representação aparencial, indo diretamente ao fundo da coisa. É o caso, por exemplo, da inveja kleiniana. O paradigma desta situação poderia ser o homem que, sentado ao lado de outro diante de uma fonte, passa sede se o vizinho bebe, pois, se a água deste é real, então a sua é falsa aparência. Daí que, a contragosto, se veja constrangido a beber o sangue do outro. Grandes obras talvez não se possam construir sobre tal tema, que é um tanto ou quanto cru. Mas a velha fábula da galinha dos ovos de ouro serve de modelo, na falta de melhor alternativa. A aparência galinácea, quando dissecada pelo dono que está a procura do campo do ouro, revela só carne de galinha, aparência de galinha por dentro — idêntica à dos outros vertebrados, inclusive à do homem invejoso. Moral simples e bruta, como a avidez erótica da cobiça.

De um modo ou de outro, a erotização da suspeita, representa uma paródia do rito de convicção, a qual parodia por sua vez o ato sexual. O ciumento não se convence, mas fica na aparência; o sádico vai além da aparência e encontra a si mesmo, da pior maneira possível; o invejoso vai ao fundo e não encontra nada. Pois a verdade, que ambiciona a suspeita encontrar do outro lado da aparência, simplesmente lá não está. Não existe lá nada representável, e a verdade é uma propriedade da representação. Consiste a verdade na relação adequada entre o direito e o avesso da superfície da representação, entre sua dimensão de identidade e sua dimensão de realidade. Ora, a suspeita quer ver as duas lado a lado para compará-las; idealmente, tenta superpô-las. Se escolhe operar do lado de cá, na identidade, o sujeito suspeitoso procurará até fartar a realidade de si mesmo. Se do lado de lá, exigirá que a realidade identifique-se consigo mesma, ao menos nalgum ponto distante — por exemplo, que a realidade comporte-se como um ser humano decente, respeitando a palavra empenhada. Em qualquer dos casos, está desacatando o princípio evidente de que a identidade de uma representação é a forma do sujeito, enquanto sua objetividade está na forma apreendida do mundo, na realidade. Numa palavra, identidade e realidade atraem-se mas se opõem, como os dois pólos de um imã, que a suspeita exige que coincidam.

Se a crença quer identidade e realidade bem coladas, a suspeita, nascendo de uma fresta entre as duas, as quer superpostas do mesmo lado da membrana superficial, idênticas e indissociáveis. Por isso, contorce-se em formas tão bizarras, tentando reinventar o anel de Moebius, uma folha com um lado só. Destarte, está a suspeita sempre do lado errado da aparência, pretendendo um pouquinho mais do que a crença — isto é, fundir identidade e realidade, que esta só quer ver bem acopladas. A suspeita é ainda uma relação de superfície; porém, uma relação absurda e insolúvel no âmbito que se propõe elucidar.

Caso a suspeita não quisesse o pouquinho a mais que a perde, seria crença simplesmente, este tipo de crença exigente e ao mesmo tempo ingênua que pede muitas provas e depois se satisfaz com qualquer opinião conveniente para seus próprios argumentos. Caso renunciasse de uma vez por todas à representação, ganharia legitimidade para ir ao nível produtor, onde sujeito e mundo se criam unitariamente. Poderia quem sabe chegar ao campo da crença, que se caracteriza, como veremos logo, pela superposição do campo da representação em geral com os campos de representações particulares. Nele sim, identidade e realidade se encontram, mas não como representações — não elas próprias, porém suas condições produtoras, desejo e real. A suspeita, todavia, dirige-se ao campo da crença, com o intento firmado de o fazer presente na superfície representacional, de extrair a raiz da crença como se extrai um molar, representá-la e possuí-la. O que, já se sabe, é uma impossibilidade lógica. Por isso são gêmeas e estão brigadas crença e suspeita. A suspeita refaz o caminho da crença, de seu campo para a relação aparencial, porém, com sentido inverso. Da superfície, vai buscar o campo produtor, onde a folha tem um lado só. Lá, muito além das aparências, conta achar sua verdade. E de novo tem razão e está errada. A verdade só pode estar na superfície da representação. Em direção à profundidade psíquica, é nossa velha aliada a mentira a única figura que se pode permitir chegar, a fim de representar o irrepresentável, os campos, por meio de ruptura de campo; neste caso, representar o campo da crença, meta final da suspeita. Porque a suspeita representa a nostalgia do campo da crença, extraviada absurdamente na superfície da representação.

3

Ensinou-nos a suspeita o caminho que leva ao campo da crença. Cabe-nos agora defini-lo. Já se sabe, do campo da crença, que é palco de certas aberrações, devidas ao acavalamento parcial de campos diferentes; que campos são estes, de que campos mais gerais procedem e onde se superpõem, é o que passaremos a estudar.

Representações particulares representam, por sua dupla superfície, identidades e realidades particulares. Estas têm seus campos próprios, cujo acavalamento parcial realiza a condição necessária à instituição do campo da crença. Tais campos também contam, como um de seus produtores, com os campos mais gerais da identidade e da realidade gerais, na raiz de sua procedência. Isto é, o campo de toda e qualquer representação particular deriva-se, em certa medida, dos campos produtores de identidade e de realidade. Em certas condições, por conseguinte, a destruição de uma representação pode afetar, por ruptura do campo próprio, os campos da identidade e realidade em geral, pode fazê-los um mínimo aparentes, ameaçando a identidade do sujeito e a realidade de seu mundo. A experiência emocional, correspondente a tal eventualidade, conhece-se por *insegurança*.

Insegurança é o estado de suspeita; analogamente ao estado de crença, é um modo menor e estancado de suspeita. A suspeita nasce de uma fresta entre realidade e identidade; a insegurança, do fracasso de uma representação fundamental de realidade ou de identidade. Já que ambas são interdependentes, o efeito da insegurança repercute também sobre a outra — inseguro do mundo, estou algo inseguro de mim e vice-versa. Diversamente da suspeita, entretanto, para quem somente a fusão de identidade e realidade numa mesma representação satisfaria o apetite voraz de aparências, a insegurança pede apenas uma outra representação exitosa, que substitua aquela que se perdeu. O apetite da insegurança por representações é, portanto, moderado e saciável, testa inúmeras, desilude-se, mas eventualmente, encontra aquela que a satisfaz. Encontrada, esta se assegura, pelo menos num primeiro momento, por um estado de crença, sinal da perturbação antes ocorrida. Não exemplificarei os tipos de insegurança, como o fiz com a suspeita, pois a dilação resultaria prejudicial à exposição presente. Em troca, lembremos tão-somente a insegurança neurótica comum, sua corrida atrás de representações satisfatórias, a repetição obcecada do rito de convicção, e sua satisfação, ainda que provisória, com certa representação sintomática. Há inseguranças menores e maiores, a seu tempo as estudaremos; por ora, retenhamos seu parentesco com a suspeita, de que sempre é a forma menor, e, sobretudo, fixemos sua relação simultânea e desigual com identidade e realidade.

A insegurança acusa a interdependência entre identidade e realidade, como o testemunha o fato de sempre produzir um estado de crença, e não uma crença modal. Todavia, acusa também sua interdependência profunda, o acavalamento parcial de seus campos, evidenciado pela dificuldade do encontro de uma representação satisfatória. Esta representação deve dar conta da área superposta, ou seja, para funcionar adequadamente tem de ser uma relação representacional do setor contaminado pelos campos da identidade e realidade. Numa palavra, no estado de insegurança, quando uma representação fundamental se perdeu, o psiquismo exige que a nova representação satisfatória represente também a própria crença. Um homem que tenha afetada alguma representação central à sua sexualidade, por uma série de experiências sexuais malogradas, duvidará não apenas do êxito da próxima como, concebivelmente, de sua condição heterossexual. Para que nova representação ponha termo à insegurança, não basta em geral uma experiência que reconfirme sua potência, além disso, deve conter uma espécie de explicação da situação anterior e uma resposta à censura imaginária que tem recebido dos amigos, parceiros exigentes de masculinidade, e das mulheres, espectadoras implacáveis do fracasso — explicação e resposta às críticas já acusam a perturbação do próprio campo da crença em geral, onde se armam ou desarmam estes argumentos paranóicos que combinam identidade e realidade, no mínimo a projeção da autocrítica, no máximo, um pequeno delírio.

Ora, esta área de superposição denunciada tem, por fundamento de comunidade, o campo último em que nos deteremos, antes de começar a ascensão rumo à superfície representacional: o campo da representação em geral.

No sentido aqui empregado, o campo da representação em geral não é uma espécie de *a priori* kantiano. Este campo tem origem na atividade psíquica, possui eficiência diferencial na vida anímica, já que nem tudo é representação, pode até mesmo ser rompido, embora apenas em condições extremas. Certas lesões cerebrais, estados afásicos terminais, demências profundas testemunham o resultado de sua ruptura definitiva, quando não é mais viável representação psíquica alguma. Afecções tóxicas agudas levam a estados confusionais, com passageira incapacidade para a representação. Um artifício do método psicanalítico permite conceber o produto da ruptura de campo da representação em geral. Descrevamo-lo metodicamente.

O campo da representação em geral é o que produz a condição de representação de qualquer conteúdo de consciência que vise um objeto distinto dele mesmo, conformando simultaneamente, o sujeito deste ato psíquico. Logo, é o campo de comunidade entre identidade e realidade. Enquanto fundamento da representação, é também fundamento necessário de toda forma de linguagem, da razão comum, da obra representacional, das representações sociais etc. Por conseguinte, sob títulos diversos, investigam-no a antropologia, a lingüística, as ciências políticas, a história, e, claro está, a filosofia.

Para nosso sistema campo-relação, todavia, somente contam as propriedades que uma ruptura de campo possa fazer surgir. E aqui, como para o campo da realidade do real em sentido absoluto, quando o estudamos em *Andaimes do Real: Psicanálise do Quotidiano*[9], é forçoso apelar para a mesma curiosa aliada, a mentira. Nossa mentira amiga e simpática enuncia, como sendo, aquilo que não é, que não é desta forma enunciada, com a declarada intenção de enganar o espírito,

---

9. Na sua primeira parte, capítulo 3, "Acerca da mentira e do erro necessário".

fazendo-o representar-se. Depois, cabe-nos desmenti-la, corrigindo-nos: é isto assim como foi dito, mas noutro modo de ser.

Retomemos o bebê (ou um animal hipotético) que ascende à humanidade, tal como o havíamos deixado naquelas páginas. Prisioneiro de sua fisiologia, estava em meio ao cerco das coisas, esperneando, chorando, reagindo a estímulos, apontando por qualquer meio disponível o complemento não representado de suas necessidades: leite, calor, cuidados, ainda sem nome. E seguiria assim, caso não lhe ocorresse apontar, certa feita, o objeto de uma necessidade inexistente, que a mãe, enganada, apressa-se a proporcionar-lhe. Apontando como sendo (fisiologicamente necessário) o que não é, descola-se da fisiologia bruta, construindo o desejo — pois o que não é imediatamente necessário pode ser desejado — e, do cerco das coisas, construindo o real, já que a nova aquisição é muito mais sentido, nomeação e relação humana, que coisa propriamente. Ao mesmo tempo, ou no acúmulo de inúmeras experiências semelhantes, chega a representar em ato o desejo e o real, superando a atividade reflexa em direção à palavra — esta palavra que criará identidade e realidade.

Ora, essa mentira originária, que redobramos com nossa ficção, pode mostrar-nos as propriedades do campo da representação. Já se adianta, porém, que o salto ao reino da representação não precisa ser atribuído a um certo momento da infância, que é questão de modulações rítmicas do atendimento materno, e que, na verdade, ocorre essencialmente a todo momento em que o homem constrói sua subjetividade, a partir de corpo e mundo. Vejamos as propriedades que mais nos interessam.

A materialidade é uma só, nas coisas e na fisiologia. Só há, para a necessidade, um corpo extenso, feito de urgências orgânicas diversas e de seu complemento material, que constituirá o mundo externo. É o campo da representação que passa um fio de lâmina nessa unidade, distinguindo desejo e objeto, e representando o ato de satisfação.

E tudo pararia aí, caso o desejo não nascesse no real. Ocorre, porém, que a forma apetecida da realidade não se cumpre, e no seu lugar advém outra, mais ou menos parecida. A criança enganou a mãe, mas também enganou-se a si mesma, e recebe calor por leite, ou cuidados de espécie um pouco diferente daqueles que necessitava. Talvez seja outra pessoa que a atenda. Talvez não seja sequer uma criança, mas um adulto reinventando a representação, quem, por exemplo, confunde objeto sexual com conhecimento fetichista da sexualidade, e descobre assim, por engano, o prazer erótico de saber. Seja qual for o caso, a ocorrência equivocada não é neutra — se o fosse, nem seria perceptível —, mas está prenhe de uma força real, que acaba por modificar o sujeito desejante. Esta força do real, efetiva na superfície representacional da realidade, funciona como uma espécie de instigação à montagem do desejo: é uma aspiração de que haja um desejo tal que se possa satisfazer com a representação de realidade presente. Isto equivale a dizer que o real *deseja* um sujeito adequado à sua realidade; ou, em termos subjetivos, há o desejo de tornar-se tal e qual a realidade tantalizante, esta que promete, por exemplo, satisfação da sede ao faminto.

Diversamente da necessidade, que é muito pouco modificável, o desejo humano apresenta uma plasticidade muito especial. A cada momento da vida, ele se mostra inelutável, todo esforço de oposição consciente e todo projeto consciente de transformá-lo é de antemão baldado. Esse fato pode levar-nos à conclusão equivocada de que o desejo é uma estrutura imutável, algo assim como uma pedra em meio ao psiquismo. O que se passa, muito ao contrário, é que a vontade consciente que se lhe opõe funda-se, sem que nos possamos dar conta, nele mesmo, no próprio desejo, carregando-o na garupa do cavalo que monta para investir bravamente contra sua dominação. Reflitamos um instante nessa variação mais superficial do desejo que é o hábito. Parece impossível lutar contra um hábito e, de fato, o é; contudo, nada mais fácil que nos habituarmos. A questão central é que a luta contra o hábito faz parte dele mesmo: o fumante que luta para não ceder ao vício está cumprindo com um dos ditames do vício, sua decisão noturna de não mais fumar a partir de amanhã já se incorporou ao ritual tabagista. De forma análoga, porém muito mais forte, a intenção do homossexual, que se esforça por interessar-se por algum parceiro de sexo oposto, nasce do campo mesmo da homossexualidade e representa uma de suas características marcantes: a atração pela repugnância. Por isso, o desejo e, em menor medida, esse produto secundário que é o hábito, possuem uma aparência pétrea; com respeito à liberdade interna de escolha que imaginamos ter, o desejo é uma pedra sim, a pedra de toque desta ilusão.

Entretanto, não só o real o cria e modifica, como a própria representação da realidade exerce sobre o desejo um poder direcionador. O tempo em que o exerce é, porém, muito mais dilatado que o de qualquer ação consciente ordinária e sua ação persuasiva, muito mais sutil.

Tomemos o exemplo da fome e da sede. Com sede, estou diante de um suculento bife, que nada me diz. Ou, faminto, apresentam-me um copo d'água que rejeito incontinenti. Esta visão linear do desejo inspirou o célebre dilema, conhecido como o burro de Buridan. O infeliz animal, estando exatamente com tanta fome, quanta sede tinha, vê a um lado uma pilha de feno e a outro um balde d'água. Como, para aproximar-se de um tem de afastar-se do outro, permanece no meio da decisão impossível e, lá, morre. Moral: de pensar, morreu o burro. Quando construímos nossas teorias sobre a infância, figuramos o infante como se fora este uma espécie de burro de Buridan. Parece-nos incompreensível que saia da mônada primitiva, ou que abandone um só dos modos de satisfação já encontrados. No entanto, sabemos que isso acontece.

É claro que, se a opção do infante, ou a do adulto também, fosse entre objetos radicalmente incomunicantes, talvez seu desejo não se pudesse moldar. Mas a realidade não carece de persuasão. Suponha-se que, faminto ou sedento, encontre eu uma tigela de consomê. O caldo ralo desagrada um tanto a minha fome, o gosto salgado não aplaca realmente minha sede, mas num caso ou noutro, engulo-o em falta de coisa melhor. Então o pequeno milagre acontece. A satisfação parcial do apetite acompanha-se, caso a experiência repita-se muitas vezes, de uma certa modificação do próprio desejo — principalmente se se trata mesmo de desejo, e não de uma necessidade básica e incontornável. Com sede, bebo o consomê, com fome, como-o; mas, de tanto fazê-lo, minha fome *embebe-se* um tanto, liqüefaz-se, torna-se uma fome de líqüido, e a sede analogamente vira um pouco fome.

Este *princípio do consomê* — que nos pode inspirar a utilidade do *seio mais ou menos*, que escapou à escola kleiniana[10] — não é uma experiência rara no aprendizado humano. Os cuidados maternos nunca deixam de falhar nalguma medida, os objetos de satisfação estão sempre um pouco defasados com respeito às pulsões etc. No processo de construção das representações, a satisfação alucinatória não ocorre de maneira completamente destacada do objeto oferecido. Este também exerce alguma atração, embora não a que poderia satisfazer o desejo mais premente, mas sua sombra associa-se à fantasia alucinatória, depois a modifica e, por fim, integra-se a ela e integra-a na realidade. Continuando com nossa caricatura heurística, ao beber,

---

10. Desenvolvi mais amplamente esta concepção sobre a satisfação parcial do desejo e sua importância para o trabalho psicanalítico no capítulo 8 de *Clínica Psicanalítica: A Arte da Interpretação*, já mencionada em nota anterior.

faminto, posso ter a representação alucinatória, ou simplesmente imaginária na vida adulta, de estar comendo meu bife saboroso. E, ao mesmo tempo em que meu desejo embebe-se, o consomê mesmo adquire, por força da vivência imaginária, um valor mais bife, e quase posso cortá-lo com a faca. Ou seja, modificou-se a representação do desejo e a representação do real, identidade e realidade recriaram-se simultânea e solidariamente. Antes não combinavam, agora já combinam um pouco, e eu sobrevivo, cresço, aprendo e apareço.

Uma das lições mais importantes que chego a aprender, embora por ser desagradável esteja sempre pronto a esquecê-la, é que a defasagem entre necessidade e real não é um acidente casual. Quando estiver acostumado ao consomê-bife, a realidade já me mostrará um desafio parecido, porém num tema diverso, que forçará nova torção da recém adquirida capacidade de adaptação. É precisamente a discrepância constante entre necessidade e real que institui esta modificação do real a que chamamos *desejo*. Por isso o desejo, enquanto matriz das emoções humanas, está sempre desencontrado de si mesmo, bem como da necessidade e do real, a que quase sempre contraria: o desejo é uma força de construção e uma força sempre em construção[11].

Um mesmo movimento da psique chama-se desejo e real, enquanto produtor de sentido humano. Este movimento único contrapõe, contudo, a superfície do modo subjetivo, identidade, à do modo objetivo, realidade. O descompasso entre ambas superfícies gera, como vimos, o campo da representação e suas propriedades. Aquela que especialmente nos interessa é a função da mentira representacional, a ação do campo de representar uma taça de consomê sob a dupla forma de realidade de bife e identidade de sede d'água. Isto é, não apenas superamos a contradição entre materialidade e necessidade, mas, por esta mentira provisória, que depois se converte em verdade duradoura, representamos realidade e identidade, com tal arte, que sua adequação torna-se possível a cada momento. Para tanto, o psiquismo deve também representar o tempo e o movimento, pois a adequação de agora é apenas uma representação do futuro da ação que as conjugará.

Ora, no funcionamento ordinário da mente humana, a superfície da realidade determina a forma da identidade, em cada representação. As transformações possíveis hão de estar presentes, representadas na

---

11. A questão do desejo como modificação – ou dobradura – do real, desenvolvi nos capítulo V e VI, respectivamente "Pequena ficção metafísica" e "Os andaimes do real", da segunda parte de *Andaimes do Real: O Método da Psicanálise*.

própria representação do objeto, para que o processo psíquico tenha alguma base sobre a qual prosseguir. O que se me apresenta, não é sede e consomê — no caso da sede, ou desejo sexual e um objeto ligeiramente impróprio ou parcial, sobre o qual se construirá uma perspectiva de satisfação fetichista, por exemplo —, mas consomê a se aguar e sede a se esfaimar. Com isso, a mentira provisória encaminha-se para fundar uma verdade. Para que essa verdade se realize, no entanto, as substituições de consomê em água e de sede em fome, como realidade e identidade respectivas de um instante da vida mental, são sustentadas por um efeito profundo da superfície aparencial, que é justamente a crença.

A crença, portanto, é um duplo exagero. Torna imediato o destino possível, a conjunção entre as representações de desejo e real; e força tanto o sentido representacional, com o fito de assegurá-lo, que arriscaria, se fosse ela mesma representada, criar uma situação absurda: inverter completamente o sentido da discrepância, transformando o faminto diante do copo d'água, num sedento diante de seu bife. Por sorte, ela não se representa, sua operação é completamente oculta ao nível do campo representacional, apenas condiciona a representação — a não ser na profissão de fé, de que, agora, podemos compreender melhor o feitio absurdo, que é capaz de transtornar o sujeito sexual a que se antepõe um mundo carente de objetos satisfatórios disponíveis, num puritano querelante, cercado de sexo imaginário por todos os lados.

Nesta primeira aproximação, o campo da crença delineia-se para nós como agente de um especial compromisso entre realidade e identidade. Sua tarefa de asseguramento da representação cumpre-se através da demonstração constante de que ambas estão adequadas, como já vimos, mas esta adequação não é um produto natural, senão muito raramente; no mais das vezes, há necessidade de um ajuste fino, ou seja, a crença tem de trabalhar. Seu trabalho consiste exatamente nisso que acabamos de ver: ela faz com que a identidade reconstrua-se no sentido de mimetizar a realidade e faz, isso é o essencial, com que o sujeito já se represente, no momento presente, como portador das características que chegará a ter por força do ajuste, representando também a realidade já modificada na mesma direção. Podemos afirmar, portanto, que o campo da crença é gerado pelo acavalamento parcial entre desejo e real, ou, mais precisamente, que ele nasce como um subproduto do descompasso entre real e necessidade — o campo da crença é um efeito da geração incessante de desejo no real, na medida em que esta geração afeta o campo da representação enquanto tal. O desejo, nascente da defasagem entre necessidade fisiológica e real, influi sobre a montagem de nosso universo de representações, de forma a movê-las em direção a uma efetiva satisfação futura e da representação ilusória de adequação presente. Com isso, os objetos representados não são imagens fotográficas da materialidade, mas imagens desiderativas — deslizamentos de água a bife ou vice-versa. Cabe à crença impedir que o descompasso que a fez surgir, enquanto campo, seja representado, enquanto relação. Efeito secundário da criação do desejo no real, a crença opera ao nível da representação, a fim de assegurar que sua zona de produção esteja para sempre oculta: perdemos assim o sentido de nosso engendramento no real, mas ganhamos realidade e identidade, o que parece ser uma troca justa.

4

Ei-la demonstrada, numa primeira aproximação, a montagem do campo da crença. Será útil abrir novo item, recapitular, com brevidade, o movimento de constituição e dele retirar as propriedades gerais da crença modal, bem como a origem de sua pujança.

Entre a natureza externa, o mundo material, e a natureza interna, o corpo fisiológico, há unidade natural e uma dependência natural, a que chamamos *necessidade*. Para a psique, todavia, a distância entre ambas é incomensurável, a relação entre as duas naturezas não encontra uma medida comum no domínio da psique, e a necessidade é inconcebível, faltam instrumentos psíquicos para penetrar e alterar esta dependência, só seu resultado é pensável. A psique, ao criar-se, desnatura o sujeito. Desnatura a premência fisiológica, pelo esfomear de sede, transmudando-a em desejo; desejo, pois, é a medida da transformação da fisiologia em sentido psíquico, ou matriz simbólica das emoções. E desnatura o mundo natural da materialidade, convertendo-o em real, real humano, lugar onde os homens se encontram, lugar da humanidade; já nas cavernas de Altamira, a matéria transformou-se em suporte de sentido humano, a rocha fez-se tela, o animal, representação, o bife de bisão foi aguado no banquete totêmico, surgiu o consomê em todas as suas modalidades culturais. A distância incomensurável domesticou-se, reduziu-se ao descompasso entre real e desejo, que impulsiona a psique a se movimentar, por força da necessidade, em última instância. São seus movimentos: pensamento, emoção, ação organizada, construção da cultura etc. Em todos esses movimentos podemos reconhecer uma dimensão de estática superficial, a representação, detenção lógica do espírito em movimento efetivo, que necessita de uma figuração do mundo e do eu como instrumento. O descompasso, sintoma da criação recíproca e defasada de real e desejo, é aquilo que toda representação particular procura negar, vale dizer, que representa negativamente, ou, se nos permitimos um neologismo útil para este texto, desrepresenta. Tempo, movimento e desencontro interno do sistema desejo-real refletem-se, na superfície representacional, como as duas dimensões da superfície: o eixo identitário e o eixo objetivo, ou realidade.

Todavia, essa geometria bem comportada é tão-somente um ideal. Pois o descompasso segue ativo, desencontrando sempre desejo e real, sem síntese possível. E manifesta-se. A manifestação do descompasso resume-se, então, em que realidade e identidade se fazem representar nas faces opostas da representação, superfície absurda, com dois lados. Perfeitamente coladas, mas irreconciliáveis, realidade e identidade constituem o remanescente representativo do descompasso, que a representação negou. Os dois tempos da adequação psíquica reduziram-se a um presente absoluto, cuja superfície é dupla, aberração geométrica e psíquica, que a crença vem consertar. Ou nem tanto. A suspeita é que o tenta; a crença mantém-na, assegura-a como possibilidade de ajuste e disfarce dos desencontros.

Esse absurdo não se representa abertamente, é condição de representabilidade. E se o descompasso escapa de semelhante redução, aparece não como absurdo, mas como fresta entre identidade e realidade. Donde provém sua malignidade: a fresta testemunha a lógica absurda da concepção da superfície representacional, ameaça representá-la, torná-la visível e banir a credibilidade das representações particulares. Se nosso argumento é correto, a malignidade da lógica de concepção da superfície pode facilmente ser compreendida. Qualquer idéia que possa eu fazer de mim, só designa minha identidade como uma realidade — meu nome, meus sentimentos ou preferências, a memória de minha história, são realidades, quando me refiro a elas. Por outro lado, qualquer objeto da realidade, quando pensado por mim, é também um selo identitário — a maçaneta da porta à minha frente, contém em si meu modo especial de virá-la, a intenção possível de ir a outro lugar, um desejo de privacidade etc. O risco acarretado por uma fresta é o de mostrar, por exemplo, que meu nome ou meu rosto, embora representando minha identidade, são realidades arbitrárias, mutáveis, ou ainda pior, suscetíveis de surgirem do real — veja-se como apavora a idéia de um duplo externo e inimigo. Quanto à realidade, a maçaneta poderia decidir-se a virar sozinha, isto é, exibir uma subjetivação excessiva e alheia. Essas coisas acontecem nas psicoses, quando a função da crença sobrecarregou-se e já não consegue esconder o mistério que se esconde atrás da porta ou a mágica encantatória primitiva que permite a alguém dominar-me apenas por invocar meu nome.

Em toda representação, não importando sua especificidade peculiar, conflue a geração de três campos; o da representação em geral, que produz a superfície da aparência; o real, campo da realidade; o desejo, campo da identidade. Com efeito, é o limiar desses três campos, sua zona de acavalamento parcial e a contaminação de suas propriedades, que constitui o campo da crença. Neste último concentram-se, por causa disso, inúmeras propriedades aberrantes do sistema campo-relação, cuja manifestação denominamos *fenômenos dos limiares*. Na superfície das relações humanas, tais fenômenos proliferam em áreas de turbulência, onde ocorre a substituição de um campo dominante por outro — na dissolução dos vínculos sociais, nas crises pessoais muito sérias, ou durante o próprio processo analítico —, ou, como aqui vemos, quando uma função psíquica normal decorre de um parcial acavalamento de campos. Certos tipos de representação, em momentos especiais da vida individual e social, geram turbulência maior, verdadeiras tempestades, outros tipos quase não a geram; interessa-nos, a esta altura, a turbulência inerente a toda representação. Seus fenômenos, comparáveis às aberrações cromáticas dos bordos de uma lente, terão as propriedades de campo investigadas nos próximos itens.

Uma dessas propriedades, entretanto, é melhor que se esclareça desde já, por ser verdadeiramente central, quando se trata de compreender a força de operação da crença. Em geral, as funções psíquicas que procedem do inconsciente não nos costumam pôr diante de apuros para justificar sua força operacional; quase todas derivam-se direta ou indiretamente das pulsões. Não há, contudo, nenhum instinto de crença, nem a crença mantém relações demasiado estreitas com a libido. Apesar disso, como estamos vendo, sua força é considerável.

A crença trabalha, ao que tudo indica, por meio de uma estratégia complexa, embora sempre a repita. Ela retira sua força de asseguramento das representações de um acordo entre as mesmas; com mais rigor, de uma espécie de chantagem realizada com o sistema representacional. O truque é sempre este: ela alimenta-se da desrepresentação de algo, que ameaça representar, tão cedo uma das imagens que sustenta esteja em risco. Já observamos antes que o elemento central desrepresentado, sob a ação da crença, é o corpo, não só o sentido corporal profundo, como também sua extensão, a unidade cósmica com o mundo, onde já não se mantém a noção de sujeito psíquico distinto, pois este precipita-se no contágio. Há também duas variantes desse procedimento que são dignas de nota. A primeira pode ser chamada de *colapso preventivo*. A perda de uma representação não significa um desastre irreparável para o psiquismo. Certo que há representações axiais: para ficar num exemplo simples, o esquecimento do termo *circunspecto* não me impede de seguir escrevendo e muito menos de saber quem sou, mas o esquecimento de meu nome de batismo já seria coisa bem diferente, com toda a certeza. No entanto, mesmo a perda de uma representação mais ou menos periférica, envolve um leve sabor de catástrofe. Por que? Dá-se que, no ajuste dos sistemas realidade-identidade, cada elemento de um deles é como se fora a chave que abre a porta do outro. A maçaneta da porta não é demasiado importante dentro de minha realidade, suponho; contudo, seu desaparecimento súbito, ou uma lamentável subjetivação que a levasse a rodar sozinha, mesmo a simples descoberta de que esta maçaneta não é tal como dela me recordo, já bastaria para comprometer toda a representação de minha identidade. É que minha identidade inteira, sem exagero algum, está contida inaparentemente na maçaneta, assim como está na porta, na luz do dia, num simples passante ocasional. Cada percepção de realidade é a síntese acabada, não da realidade inteira, mas justamente de seu pólo oposto, da identidade. Igualmente, um afeto intenso, não porém o bastante para alterar minha identidade, transtorna inteiramente a estrutura de minha representação de realidade: um pouco irritado ao me vestir pela manhã, mesmo que o não perceba, e os botões da roupa já começam a enroscar-se propositalmente — eu o juraria —, o carro afoga, o trânsito satura-se de intenções más contra mim, numa palavra, a realidade desobjetiva-se, perde sua aparência neutra. Deste efeito vale-se a crença: em cada ponto da identidade ou da realidade, ela sustenta o outro lado inteiro, e ameaça o sujeito com um colapso preventivo da face oposta da representação, a cada sinal de que uma só representação singular possa periclitar.

Outro recurso, ou melhor, outra dimensão do mesmo recurso utilizado pela função da crença para alimentar sua força de asseguramento, reside em ameaçar a superfície representacional com a revelação de sua lógica de produção. Como já discutimos anteriormente, a lógica emocional da construção dos produtos psíquicos, que engloba o inconsciente psicanalítico, conquanto esteja presente em cada idéia e, sobretudo, no liame que vincula duas idéias consecutivas — o que, quando liberado, provoca a chamada *livre associação* —, não pode ser admitida na superfície das representações, sob pena de inviabilizá-la por completo. De novo, a supressão mais ou menos completa dos vínculos geradores alimenta um sentido de espontaneidade e de naturalidade das representações: sinto que minhas idéias vêm porque são chamadas por minha razão, nunca por efeitos emocionais inconscientes, por paralogismos psicóticos, por erráticos restos de memória etc. Testemunha da estreita relação entre o campo da crença e o campo geral das representações é o fato de que, ao ver ameaçada uma representação em particular, surja de imediato uma sensação de perda total, uma espécie de *se isto não é assim, então nada é como parece ser*. Tal aposta no absurdo total, para fazer valer os direitos de um só ponto de representação, só poderia ser o efeito da interferência da lógica de concepção, manipulada pela crença, que a infiltra no próprio campo geral da representação.

A crença, portanto, não parece preferir uma representação a outra. Parece-me que podemos concluir ser a crença representação oculta (desrepresentação) do ato mesmo de representar, que acompanha toda e qualquer de suas ocorrências. Com a força do ocultamento geral assegura cada revelação particular.

5

A infiltração da lógica de concepção é coisa grave. Inculca, num argumento, por exemplo, absurdo e irrefutabilidade ao mesmo tempo. Absurdo, porque o argumento que segue, ainda que só em pequena medida, um dos esquemas da lógica de concepção — caso de certa retórica demagógica, da maior parte dos argumentos de propaganda, ou, no extremo, do delírio — pretende apresentar provas conclusivas de uma evidência qualquer, mas apresenta o pretenso fato com um caráter tão estranho, radical e idiossincrásico, que o resultado nada tem de evidente, parecendo mais um produto onírico. Contudo, tanto quanto extravagantes, estes pensamentos híbridos são irrefutáveis, porque, sob o disfarce de racionalidade, jogam com a condição mesma que torna possível argumentar.

O *preconceito* figura adequadamente tal situação. Ele propõe a representação de uma idéia geral, que, ao interlocutor não preconceituoso, parece estapafúrdia. Sustenta-a racionalmente, com silogismos bem construídos formalmente, com provas acessórias razoáveis. Os casos particulares que aduz não são nada absurdos. De chofre, quando já nos havia convencido de estar caminhando racionalmente, salta a uma conclusão inadmissível. E não sabemos retorquir, pois a lógica da conclusão não é da mesma espécie que a dos argumentos auxiliares, é lógica de concepção. Atrapalhado, o interlocutor neutro tenta refutá-la racionalmente. Porém, por desgraça, só se sente eficaz quando introduz em sua própria argumentação uma espécie de radicalidade, igual e oposta, que já diz mais que aquilo que desejaria haver dito. Só se torna eficaz a contrargumentação, se inclui também lógica de concepção, a mesma lógica, embora com fito contrário. Em suma, quem tenta desmantelar um argumento preconceituoso escorrega, sem querer, para o campo do preconceito; faz-se preconceituoso ao revés.

Diga um behaviorista que a Psicanálise não é científica, e acabaremos certamente redargüindo-lhe, sem o achar e a contragosto, que não é ciência o behaviorismo. Ou, um exemplo mais comum de argumentação preconceituosa: os negros são pobres porque são inferiores. Não têm ambição, são preguiçosos, não sobem no emprego, acomodam-se facilmente, sustenta o preconceituoso. É que o sol causticante da África, que lhes queimou a pele, derreteu-lhes a vontade também, fê-los modorrentos, argumenta. Ora, o sol queima e convida a estar à toa. Assim sendo, são inferiores, logo, os negros são pobres. A conclusão é um fato, em muitas partes deste mundo. A pilha inteira dos volumes de sociologia, história colonial e economia política de nossas estantes poderia deslizar por esta discussão, sem arranhá-la. É que a essência do argumento absurdo reside, muito simplesmente, na suposição de que o homem traz em si um valor intrínseco, potencial, cuja efetivação determina seu sucesso na vida, em qualquer tipo de vida. Inteligência, vontade, persistência, todas as virtudes enquadram-se nessa categoria. E sucesso nos negócios, no conhecimento, no amor ou na consideração social correspondem à segunda parte, ao êxito. Negar a relação entre os dois, seria o mesmo que afirmar a inexistência de valores, de qualquer espécie. Seria afirmar que o mundo fabrica o homem, o qual fabrica o mundo, sendo uma contingência fortuita coincidirem, num nó do real chamado indivíduo, propriedades congruentes com as que, no mundo fabricado, estão marcadas arbitrariamente como valores positivos ou negativos. No fundo, por que é melhor vencer que perder, viver que morrer?

A desorientação essencial da vida humana arrasaria nosso oponente, que sustenta um argumento preconceituoso contra certo tipo de homem, quando queremos mostrar-lhe que todos os homens são iguais — sendo a identificação de superioridade interior com êxito capitalista uma estupidez. Mas arrasa também a fonte de nosso argumento igualitário. Porquanto, fabricação e desorientação essencial são elementos que a lógica de concepção do campo axiológico transforma em relação de valor. Em qualquer sistema político ou ideológico, o campo dos valores éticos está constantemente usando a premissa da equivalência dos destinos para criar um mundo ordenado por valores de sobrevivência, de reputação ou de êxito social.

Quando o preconceituoso arma seu argumento, implicitamente chama a si a força do campo axiológico, que se romperia pela negação de sentido do vínculo entre interior do indivíduo e valor social. Negar-se-iam indivíduo e sociedade, enquanto entidades substantivas, de cuja congruência emerge um valor. Mas o campo axiológico é quem sustenta nossa discussão, a força de sua generalidade imprime-se na particularidade do argumento preconceituoso. "Ou você pretende negar que um homem tenha valor pelo que realiza?", dirá o opositor racista. Não pretendemos negar os valores humanos; fosse assim e dávamo-lhe as costas muito simplesmente, dando também as costas a três quartos de nossa capacidade de julgar, quotidianamente, nossas ações e as dos outros.

Talvez nos ocorra empregar então o tradicional subterfúgio da relatividade dos valores, segundo o contexto social, permanecendo ainda no campo axiológico, sem o negar, como no caso anterior. Esta é só relação de superfície, porém igualmente perigosa, pois arrisca patentear a desorientação essencial, a fabricação dos valores e a lógica (de concepção) que está dissimulada sob qualquer sistema positivo de avaliação do homem. O preconceituoso se encrespa, fica feroz, defensor que é, simultaneamente, do campo de seu preconceito e do campo do preconceito em geral, limiar do campo axiológico com o campo da individualidade. Defensor do campo axiológico que nos sustenta igualmente, deixamo-nos demover da teoria da absoluta relatividade: "Está bem, não vamos tão longe". Em troca, propomos uma relatividade relativa, minorada, mitigada. As sociedades julgam seus indivíduos de acordo com valores fixos, adaptação, sobrevivência, acatamento de normas; todavia, são as normas mesmas também relativas. Pomo-nos acima de nossa própria relatividade e julgamos a relatividade social por valores absolutos — ou seja, contradizemo-me abertamente. Ou exageramos, no embalo da discussão. "A pele escura é melhor adaptada, permite enfrentar sol e frio. Mais, a raça não conta na determinação das características individuais. Não se julgue o valor de um homem por seu êxito; além disso, veja-se este e aquele exemplo de negros ilustres, não valem mais pelo êxito alcançado num ambiente hostil? A sociedade tribal não será mais harmônica, menos competitiva? Se pudesse, íamos viver, em paz, numa choça, nas savanas da África." Já estamos metidos no campo do preconceito até os cabelos. Ou, pelo menos, até um tantinho abaixo dos cabelos. Pois, na violência do duelo, em que o campo da discussão aspirou-nos para seu interior, escapou-se-nos a representação mais absurda, a história do derretimento da vontade ao sol. Talvez, nós a tenhamos aceitado, passemos a usá-la ou a usar alguma outra variação: a frieza dos nórdicos, inspirada pelo clima. Eis-nos em estado de crença preconceituosa. Q.E.D.

O essencial é apenas isto: o campo do preconceito é tal que um argumento que nele se construa, por mais absurdo, pode ser sustentado infinitamente, não por sua força particular, mas por sua propriedade de atrair toda a possível contrargumentação para seu próprio campo: é um campo dominante, diante do qual, a simples razão é lamentavelmente recessiva, para falar em termos genéticos. Sua dominância consiste em pôr em movimento as condições de possibilidade da razão e da representação: o preconceito racial, o preconceito de classe, os preconceitos sexistas, todos eles ativam, antes de mais nada, a lógica de concepção do campo dos valores, ou campo axiológico.

O preconceito é um exemplo de fenômeno dos limiares, uma aberração do sistema campo-relação. No bom funcionamento de um campo, sua lógica de concepção trabalha ocultamente e só ao nível do campo, enquanto as relações parecem só obedecer à razão comum, ou razão do concebido. Não assim nos fenômenos de limiar, onde há nítida infiltração, como vimos com o preconceito. Daí sua irretorquibilidade racional. Daí, também, que evoque o estado de crença, quando se o discute.

No entanto, o preconceito ilustra uma peculiaridade a mais do nosso sistema. É que o preconceito possui caráter invasivo e multiplicador; a superfície de sua representação, a relação preconceituosa, atrai imediatamente toda e qualquer representação numa irmandade horizontal, incluindo-a no seu próprio campo. Isto se dá porque a relação preconceituosa espelha a totalidade de seu campo. Preconceitos particulares estendem-se a um modo preconceituoso de se relacionar por inteiro, que imita, ponto por ponto, o campo do preconceito. À relação coextensiva a seu próprio campo chama a Teoria dos Campos *relação de base* — o preconceito, enquanto relação representada é a única do campo do preconceito, pois converte qualquer outra representação num exemplar a mais de si própria.

A relação de base funciona, ao nível da superfície relacional, como se fora um campo, porém visível e representado, determinando relações particulares por uma ação centrípeta. Por quase denunciar a montagem do campo, sobreleva a instigação à crença – este tipo de relação, quando tocada, dispara uma resposta de asseguramento total. O preconceito representa um campo limiar, muito aberrante, com infiltração lógica etc. Mas campos melhor estruturados, menos problemáticos, comportam também relações de base. Sempre terão, não obstante, pelo menos uma característica de limiar: a contigüidade com o campo da crença. A relação de base é um fenômeno dos limiares, porém mais fraco, menos absurdo do que a infiltração, conquanto igualmente irredutível. Destruída a relação, o campo seria visível e rompido; ao contrário de relações parciais, que se perdem sem afetar quase nada o próprio campo.

Talvez o melhor exemplo de uma relação de base seja o caráter. O caráter individual define-se como o conjunto organizado e auto-sustentado dos traços de personalidade do sujeito, em sua relação com a realidade. Diz-se: caráter obsessivo, caráter oral, caráter autoritário etc. É simplificação. O caráter individual compreende toda a superfície comportamental, toda a forma de visar o mundo própria desta pessoa em particular. É, por conseguinte, um todo firme e inamovível, cada peça ajustada às vizinhas, por solidariedade horizontal. Reflete o campo da personalidade total, é-lhe coextensivo. Contudo, a determinação que imprime, em cada segmento da vida, não vem da profundidade psíquica, do campo da personalidade, especialização do desejo que forma a individualidade psicológica. Diferentemente da personalidade, o caráter determina por modelagem, dá um espaço com forma característica a cada componente do sujeito psíquico — forma que procede do desejo e realiza alguma de suas regras. Há caráter individual. Há caráter grupal, caráter social; a obra cultural tem seu caráter, têm-no as produções individuais. As obras de um autor têm um caráter: seu estilo. As de uma época, de uma corrente de pensamento, também têm. Têm um caráter comum as obras de correntes antagônicas; representa este caráter a comunidade básica, para que o antagonismo se possa exprimir e, sutilmente, representa também a comunidade do antagonismo: nada mais parecido, à distância, que as concepções e os estilos que num dado momento se digladiaram por supremacia. Séries de idéias e representações, quando importam muito para a identidade, mantêm relação de base com o campo produtor, quase como se fossem um caráter, embora muito parcial dentro do sistema de representações. No limiar de seus campos com o da identidade, adquirem caráter; não se podem abandonar sem que a identidade do sujeito individual, da ciência, do partido político, do matrimônio etc. se comprometam seriamente. Um pequeno apelo à crença se formula quando uma idéia marginal é atacada; uma idéia axial do sistema caracterológico em perigo apela ao estado de crença. E acorre a crença, ameaçando com o paradoxo da representação: se isto não é assim, nada é. Se cai o eixo, cai o sistema; então mostra-se o campo deste tema psíquico particular; mas este denuncia o campo da identidade, e sua lógica de concepção, patenteada, aniquila o pensamento por representação. Há, portanto, como é evidente, diferenças entre os efeitos da queda de representações, conforme sua importância para identidade: idéias marginais podem ser trocadas sem demasiado dano, no limite oposto, a queda de uma relação de base desencadeia conseqüências catastróficas.

O problema da relação de base permite compreender um pormenor, algo esquemático, da demonstração anterior do campo da crença. Não é sempre tão vital a representação. Ela não representa constantemente a fome diante da comida. Há representações quase indiferentes, há simples contemplações; decidir se continuo escrevendo ou se me ponho a olhar um pássaro não me põe em risco de vida. Então, por que tanta ênfase na questão do descompasso? Parece exagero, mas não é. A representação quase indiferente guarda, em seu campo formador, a marca de origem. O resto mnêmico da função primitivamente vital de representar reside exatamente na ação da crença; esta faz, de cada representação pequena, uma repetição da premente produção original do descompasso real-desejo. Hoje, entre duas palavras na mão e um pássaro voando, a diferença não é grande; mas ela rememora, inconscientemente, o ponto exato em que o representar me salva a vida, no mínimo a vida cultural, e alguma coisa em mim, em função da crença, revolta-se contra o pequeno desvio de atenção. Tal ação homogeneizadora da crença sobre cada representação outorga uma solidariedade horizontal ao conjunto. A identidade, portanto, funciona como se fora relação de base em face do campo do desejo, e a realidade, em face do real.

6

Não é bom nem mau possuir caráter. Acontece, simplesmente. O caráter limita a liberdade, porém dá-lhe forma. Conforma o indivíduo, a sociedade, a economia, a religião, a obra de arte. Não os gera, não lhes dá sentido, nem mesmo é a origem de sua forma. É ajuste superficial, solidariedade do todo com as partes. Realiza, desse modo, um ideal da crença, este verniz que dá alguma solidez à superfície. No entanto, é também um problema para a crença, porquanto a superfície solidária do caráter é algo diversa da superfície representacional e talvez até mais extensa, num sentido muito especial. Meu caráter é a relação de base do campo da minha personalidade com minha identidade: ele determina até as representações que porventura nunca venha a ter.

A obra de arte maximamente livre de estilo havia de ser informe, não arte, mas borração. A obra que tematiza seu estilo, que atinge a exemplaridade absoluta da forma escolhida, é exercício de estilo, não é arte. Na verdade, é útil a disparidade entre auto-representação e caráter, ela induz à criação, alicia uma perfeição inalcançável, mas enriquecedora.

Se a identidade, todavia, transveste-se em relação de base e finge representar a totalidade do campo da personalidade, transforma-se em caráter factício, artificial. Sua forma eterniza-se, as mutações são negadas, há risco de despersonalização em cada novo papel identitário. E, adiantando já algo a respeito do delírio, como mutações sobrevêm continuamente, desencontra-se a identidade artificial e mergulha no absurdo. Mas não é este ainda nosso tema.

Por ação da crença que investe totalmente a superfície inteira da aparência, a identidade pretende representar globalmente o desejo, e a realidade aspira a ser relação totalizante do campo do real. De dois expedientes vale-se a crença para evitar o fracasso que se afigura inevitável, fracasso que nos levaria a uma desilusão psicótica de nossa identidade e realidade. O primeiro é bastante simples. As discrepâncias entre caráter e identidade são tratadas como exceções. Sempre que não sou como me caracterizo, atribuo-o à influência alheia, a uma perturbação emocional, por último a uma doença, epítome de todo o livro das exceções. No plano social passa-se o mesmo: é complô de minorias, mau momento da economia, inflação conjuntural, problemas externos. Aliás, o melhor repositório das exceções da identidade é a própria realidade externa. Já para a realidade, além dos fenômenos catastróficos, inusuais, atípicos etc., há o recurso inverso de acusar o sujeito como responsável pelas discrepâncias. Crer-nos afetados de ilusão, imaginação, erro humano, até loucura temporária pode salvar-nos da loucura a sério. Bem pesada a situação, poder-se-ia definir a realidade, ironicamente, como o conjunto das anormalidades de um sujeito e definir a subjetividade como o conjunto de erros na apreensão do mundo real...

A discrepância entre caráter e identidade, no entanto, recebe da crença um segundo e mais complexo tratamento, a parte ser considerada uma exceção à regra. Como temos observado, nem todo o desejo compõe o campo da personalidade — individual, grupal ou social. Onde opera este algo mais? Não na espécie, ou em qualquer sorte de abstração científica. Opera sem sujeito, abstratamente se se quer, determinando a inter-relação fatal e inexorável dos rumos de entidades distintas. Dois homens avançam pela vida fora, sejam Pedro e Paulo, ou Esaú e Jacó, e seus destinos parecem interligados por um destino comum, herdeiro da comum concepção — no ventre da mãe, no útero do real — que os faz inimigos, amigos, êmulos, colaboradores, mas nunca indiferentes. Talvez não se conheçam, mas partilharão o prêmio Nobel ou uma cela na penitenciária. Ou não são dois homens, são duas idéias, três mulheres, um grupo de colegas que a vida separou, nações, movimentos históricos ou artísticos, filosofias. Há um estrato do real que só se ativa pela reciprocidade, uma determinação não-determinística, um estrato de geração recíproca. Chamemo-lo *inconsciente recíproco*. Ou, para os adeptos da boa nomenclatura tradicional e popular, chamemo-lo *destino*.

Pois bem, o que a crença faz com o que sobra da discrepância entre real e realidade, entre identidade e desejo, ou tudo o mais que viola seu caráter, e que o recurso à exceção não explicou, é debitá-la em bloco na conta do destino. Há um tanto de justeza nisso, pois o destino é um excedente de desejo que só se diferenciou parcialmente do real.

Ao sentar-me a esta mesa, nesta varanda, em meio a estas árvores, tantas páginas atrás, já sabia que me sairia o escrever parecido às árvores. Por experiência, sabia, ou melhor, cria na interação recíproca entre as notas tomadas e as árvores, de que havia de resultar um texto minimamente legível, em sua inerente complexidade. A fonte da eficiência foi uma espécie de contágio, não representável, o inconsciente recíproco. Aqui funciona, noutra parte não, ou talvez, que sei eu? O fato é que volto aqui, ano após ano, por via das dúvidas. Portanto, creio no destino. Poderia dissecá-lo em termos psicológicos, tentei-o até no início, mas não me animo a crer no esgotamento da dissecção. Ou, por outra: prefiro não a tentar. Dissecado, perderia talvez a mágica, a eficiência iria junto com o mistério. Tal tendência a respeitar uma organicidade contagiada resulta em crença, crença no destino.

É fácil passar dela a um estado de crença no destino. Basta, para tanto, que o destino figure como dimensão constante, como uma explicação entre outras, ou como justificativa de todas as falhas de auto-representação. Ou seja, basta que o destino, de crença mágica e inócua, transforma-se em instrumento de convicção.

É na ação humana, onde o destino mais insistentemente é instado a intervir como instrumento de convicção. Pois na ação, a identidade é posta a prova em demasia. A realidade cambiante que a ação produz representa o sujeito, individual e social, em aspectos sucessivamente discrepantes. Inicio a ação sendo um, transformo-me e aos meus parceiros durante ela, terminamos diferentes. O ato resulta ou não. O efeito já não é o desejado, pois que a própria ação incumbiu-se de recriá-lo diverso em seu curso. Enfim, a ação humana fricciona identidades, desbasta-as, mostra aspectos ignorados do caráter, desencontra o sujeito de si mesmo.

E é na ação que opera excelentemente o inconsciente recíproco. O sujeito, convicto da sua autoridade sobre os destinos da ação, ao deparar-se com os desvios que necessariamente resultam da diferença entre seu querer e seu desejar, encontra-se no dilema de admitir que seu caráter difere da identidade e escolhe caminhos imprevistos por conta própria, ou que a ação criou vida própria, escolhendo seu destino. A primeira hipótese é, além de dolorosa, muito arriscada para a representação da identidade. A segunda, vimos, tem um substrato de verdade, joga-se nela toda a discrepância. Só que não é no destino que se crê, no inconsciente recíproco, mas na projeção de traços do indivíduo sobre o outro ou noutro tipo qualquer de atribuição paranóica. É na intenção malévola do companheiro, na impertinência do instrumento de trabalho, na má vontade do povo em seguir à risca os preceitos a que o governo os conclama. Dito de outro modo, o destino, o inconsciente recíproco, serve de apoio para a convicção nas *circunstâncias alheias à minha vontade*, durante a ação, sobretudo durante a ação partilhada.

A crença, portanto, opera através do destino, suprimindo-o, por ser área de contágio, mas com sua força concreta e irrepresentável, assegura a representação da identidade, obrigando-a por tal expediente a ser coextensiva ao caráter — no indivíduo como na sociedade. A sobrecarga do destino, com todas as discrepâncias de que é inocente, e seu cancelamento posterior deixam como resto a convicção no determinismo absoluto. Nunca um bode expiatório terá sido melhor carregado e para mais longe enviado, do que o inconsciente recíproco, o destino, para o deserto da negação.

7

Há um excedente do desejo sobre o campo da personalidade. Ele escapa das representações de realidade e identidade. Seu campo eficiente é o contágio. Como desejo, desejo excedente, é matriz simbólica de emoção, regra organizadora de sentido emocional, embora não subjetivo. Emoção sem sujeito, nem a identidade a reclama, nem é projetada no mundo. O contágio não dispõe de lugar na representação, é emoção de procedência abstrata, de efeito forte, mas vago e impessoal. Como se fossem leis científicas que causassem fenômenos, como magia sem mago, assim é o destino.

Destino é o nome melhor, mais tradicional, comum e expressivo. Fado, carma, céus. O mundo das exceções tem também suas leis, todavia leis personalizadas e antropomórficas, que regem as paixões humanas, seus equívocos, as ações desastradas, a interpretação das catástrofes naturais. Acima e difuso, está o destino. Tétis acaricia as barbas de Zeus, este assente com a vênia irrevogável, Hera enciúmase, Hefesto decora a couraça peitoral de Aquiles, com o paradigma de toda a representação humana; nada porém o livra de seu destino, as moiras estão acima da representação da realidade e acima das personificações deificadas de argúcia, força, velocidade e fúria humanas, que povoam o Olimpo. O destino é um repositório final de excedentes.

Inconsciente recíproco é o nome que lhe demos. Seu sentido próprio e estrito manifesta-se no âmbito onde o descobrimos: a reciprocidade inconsciente do rumo dos homens, das obras, das culturas, que parecem viver um para o outro, ou um pelo outro, demarcando uma área de procedência comum, indiscernível, tão-só ativa pela reciprocidade. Inconsciente recíproco, pois, não de um nem do outro, mas inconsciente da própria reciprocidade. Como sabemos, seu domínio predileto é a ação; movimentos que pareceriam independentes um do outro, mas que um mistério conjuga.

Entre realidade e identidade há um inconsciente recíproco, que a crença abole da representação, vertendo seu poder de contágio numa mágica sem mago: a perfeita justaposição das duas superfícies de relevos complementares. Numa fresta minúscula entre ambas, o contágio já se entrevê. Então, é a razão que se põe em movimento, que pesquisa, especula e disseca as origens representáveis do contágio. O sonho da dissecção última do contágio, o conhecimento de toda a cadeia das mediações entre sujeito e real, obceca o espírito humano, da ciência à religião, da alquimia à psicologia, da crendice à razão prática do quotidiano.

Deliberadamente, ao exemplificar a noção de inconsciente recíproco, valemo-nos, no item anterior, de uma situação imperfeita: não do mundo da interação humana, que é onde ocorre por excelência, mas da interação com a natureza. Assim pudemos dilucidar a humanização do natural e focar diretamente o destino, livres das mil interações efetivas que ligam concretamente os homens.

O simples cruzamento de olhares humanos é singularmente arriscado — muito já foi dito a respeito, aduzamos pouco mais e só a propósito da crença. No outro, o homem não vê identidade ou realidade. Vê comportamento, antes de mais nada, mas comportamento que caracteriza fisionomicamente uma constância identitária.

Se consigo transformá-lo em realidade, é uma realidade absurda, que me imita canhestramente. Minha identidade é sólida e coextensiva à minha personalidade. Mas meu amigo crê-se uma coisa e mostra outra, crê-se espontâneo, mostra-se determinado, ostenta uma identidade, que sei ser falsa, pois, ostensivamente, é seu caráter que se exibe. Realidade ridícula que parece querer imitar um sujeito humano como eu sou. Se me aparece o outro como identidade, surge a mesma disparidade, só que agora referida a mim: suspeito-me igual, exibindo a mesma disparidade entre personalidade e caráter; vejo que minha identidade é fabricada por uma redução, há muito mais em mim que não é característico, que é exceção ou excedente. Em suma: ele sou eu, repugnantemente. Não há meio termo, realidade ridícula ou identidade repugnante. Em ambos os casos, o cruzamento de olhares acusa uma presença denunciadora do absurdo.

E é onde intervém a crença. Aparar-se-ão primeiro algumas arestas, depois ela encontrará solução mais radical para a representação do contato humano. As arestas primeiro. O jogo de ver caráter é transformado em reforço da identidade. Há, de início, uma acomodação. Os homens não se olham como aquelas personagens sartreanas, cada qual em sua cadeira, defrontadas na eternidade sem saída. Agem em campos limitados, específicos, em que a identidade se acomoda ao papel, e o olhar limita-se a ver o papel desempenhado por cada um. São colegas de trabalho, estudantes, fazem fila para o cinema. São obstáculo ou colaboração; adversários, parentes, amigos.

Em seguida, a identidade atribuída pelo papel social a alguém funde-se à pessoa mesma, tanto como auto-representação, quanto como representação alheia, a máscara cola-se à cara. De duas maneiras é garantido o consenso social sobre uma pessoa. Pela crença em que a personagem representada seja o próprio ator, em sua integridade, e num certo bom-tom de convivência, que torna indecoroso reparar naquilo que, na personagem, denunciaria o ator. Graças a esses dois recursos, o cruzamento de olhares perde muito de seu veneno potencial e consolida-se a realidade das relações humanas.

O problema que a crença vê resolvido na simples convivência, reaparece, diferente e mais agudo, na produção conjunta da obra humana. Aí sim, talvez nem se olhem os parceiros, porém, fabricando em conjunto, os homens reciprocamente se fabricam e fabricam seu real. Não há o falso drama do olhar cruzado, que aprendemos a transformar em comédia quotidiana; mas há um drama autêntico, a fabricação do real, que fabrica o desejo, numa mesma obra. Para entrarem juntos em tal empreitada, não basta que os homens se tolerem, é preciso que se atraiam, que se fascinem, pois penetraram no reino do contágio.

8

A crença participa decisivamente da função geral da *rotina*, assegurando a representação da aparência. A rotina trabalha sem cessar, como campo, criando plausibilidade, ocultando o contágio, tecendo um tapete que cubra o chão bruto do real, esta superfície de representação de cuja solidez cuida a crença. Neste momento exato, quando se nos deparam homens empenhados até a alma na produção de obra comum, a rotina mesma tem pouco a fazer. Pois estamos no reino do contágio; aqui dispensam-se aparências, a produção da obra, da grande obra humana reedita, a cada momento, a condição de criação do próprio homem.

Não basta que os homens se tolerem para conseguirem criar; hão de estar atraídos uns pelos outros, apaixonados, fascinados, vimos. Mas como, se se entreolham com asco, quando a imagem do outro é minha identidade com as entranhas do caráter à vista? Ou se, no extremo oposto, o outro representa pura alteridade e desperta, em conseqüência, um sentimento de ridículo? Eis onde a química do espírito entra em ação. Asco e ridículo, em *statu nascendi*, combinam-se na molécula do fascínio. Tal síntese já foi anteriormente exemplificada — na terceira parte de *Andaimes do Real, O Método da Psicanálise*[12] — pela análise, pela quebra molecular do fascínio. Tratava-se então determinar o distanciamento máximo em que o erotismo não descamba ainda em alteridade ridícula, nem a proximidade, em asco. Mesmidade ou asco, alteridade ou ridículo, submetidos à temperatura emocional correta, que é a da criação de uma obra comum, voltam a fundir-se, e o homem não repele nem tolera apenas, o homem fascina o homem. A paixão sexual é um paradigma, nela se cria nada menos que a obra *homem*, encarnada nos amantes ou nos filhos. Mas a obra cultural, em todas as suas modalidades, não faz por menos. Realizando-a, os homens fascinam-se — fascinados por ela fascinam-se uns pelos outros, reúnem-se em ação.

Aqui a crença é dispensada, melhor, transforma-se no asseguramento intrínseco da ação, que substitui a representação. O descompasso entre desejo e real não precisa ocultar-se, a ação representa-o no ato de tentar resolvê-lo. O homem vive então seu descompasso, mas não o sofre passivamente, ele é um desafio que

---

12. No capítulo VI, "Sexualidade, isto é, perversão".

estimula a ação. Em resumo, na ação humana de produção cultural no mais amplo sentido, a crença entra em disponibilidade, pois não há nada a ser opacificado, nenhuma superfície a defender: o homem faz-se campo produtor de realidade e identidade.

Todavia, esta comunhão é um estado extremo. Quebre-se a solidariedade com o real, e o homem é arremessado para o extremo oposto, para a máxima aversão. Infelizmente, existe uma condição em que isto ocorre. Estudamo-la em *Andaimes do Real: Psicanálise do Quotidiano*: o narcisismo do real. Na produção cultural, o real deseja seu homem com o equivalente de um investimento libidinal, o real quer-se humano, por assim dizer. A introversão desta libido, tão metafórica decerto quanto qualquer outra de que trate a Psicanálise, carrega o real de uma paixão narcísica. Chama-se a isto, também, *reificação do mundo humano*, ou *alienação*.

O homem é repelido do real. Este congela-se em realidade adversa, ou pelo menos fria, distante, materializada, desumana. Amuado, em contrapartida, o homem torna-se narcísico também, deixa-se tomar de um narcisismo genérico, que deseja instantemente recolher-se numa pura identidade, modelo e origem do narcisismo patológico individual. De novo, a representação faz-se imprescindível, porém como alcançá-la?

Repelido, o homem rompeu violentamente com o real. Além do mais, tendo sido repelido em meio à cópula criadora, nutre aversão, ridículo e asco simultâneos pelos seus parceiros humanos. Esfriou durante a comunhão, porventura se tenha congelado. Pois bem, nessa condição, o homem encontra refúgio na construção de uma identidade extrema. Identidade, usualmente, é o complemento reverso da realidade. Aqui, entretanto, o orgulho ferido se exacerba. O sujeito adere com fúria a uma identidade artificial, tão postiça como uma peruca, contudo sustentada por solidariedade horizontal quase absoluta. São vários seus modelos: o indivíduo, a religião ou o partido, a estirpe, a ideologia etc. Sempre, todavia, constituem reduções metonímicas ou reflexos metafóricos do próprio sujeito; sempre uma duplicação parcial e simbólica do sujeito que lhe serve de identidade, como um espelho curvo, que o reflete engrandecido e caricato. Tão caricato se vê o homem da identidade extrema, que não lhe resta melhor alternativa senão a de defender ferozmente a semelhança entre a caricatura e ele mesmo. O individualista extremo, o religioso, o adepto de uma ideologia, quanto mais ridículos se vejam, mais fortemente devem aderir à sua fé particular. Esta é a vingança da identidade ferida pela ruptura do vínculo de produção, seja numa paixão, seja numa obra coletiva — numa ação política, numa realização grupal. Quanto à realidade, que se tornou adversa e fria, vinga-se o sujeito repelido, representando-a à sua própria imagem a semelhança. Será, pois, a realidade, uma grande identidade objetivada: um só indivíduo extenso. No narcisismo do real, em suma, sou eu cá e lá, absoluto. Que fará a crença para assegurar tão peculiar superfície representacional? Antes de tentar uma resposta, convido o leitor a bem intuir a situação. É importante conhecer exatamente em que consiste este tipo de coincidência de realidade com identidade, como será importante a solução precária que lhe dará a crença, pois situação e solução juntas vão nos pôr na pista da crença delirante.

Há, pelo menos, três formas de se decalcarem semelhanças notáveis da identidade com a realidade. Uma é o contágio, visto acima, do artesão com arte e obra. A mão do oleiro acaricia a argila, que lhe resiste amorosamente, que se esquiva de uma forma para entregar-se de outra, que acaricia a mão e a conforma. O escultor, Miguelangelo o disse, liberta a forma que já está na pedra. O camponês, e mesmo o psicanalista, adquirem a feição dos ritmos de suas profissões, imprimem-se nelas e por elas deixam-se imprimir.

Não obstante, há igualmente uma forma longitudinal de inspirar semelhança, que é o hábito. A repetição costumeira de seqüências, durante a vida diária, cria um paralelismo entre as coisas e seu usuário, que não é unidade contagiada, não é fabricação comum, mas desbaste recíproco, tolerância, imitação. Um teor comum aproxima continuamente freqüentador e lugar, animal e dono, morador e casa, convergência assintótica que tende ao contágio, sem jamais o realizar — mundo e sujeito fazem-se somente familiares e a crença não tem maiores problemas para sustentar suas representações.

Só o terceiro tipo de semelhança, a estampagem, é que vai problematizar gravemente a crença. No segundo, no hábito, ela não é mais que natural; no primeiro, no contágio da ação comum, é dispensável.

O homem repelido adere a uma identidade artificial, por isso mesmo extrema. Nela, não tolera irregularidades e imperfeições. Estampa-a no mundo, este mimetiza-o: a realidade torna-se igual à identidade. Com relação ao primeiro modo, o do oleiro, sobra todo o desejo que, da argila, fazia a mão que moldava a argila — tal resto do contágio, em meio à distinção, aparecerá, às vezes, como destino. Aqui, quando a distinção é extrema, o destino é imenso, agourento, negado de dia, fantasmagórico à noite; de noite ou de dia, um peso incompreensível. Pois a identidade encolhe, espelhando a redução do sujeito a uma idéia fixa, e estampa-se com violência na realidade, que também encolhe e torna-se repetitiva. No entanto, a necessidade de manter distinção perfeita entre a identidade, arrogante e ressentida, e a realidade adversa, representante do real narcísico, é também absoluta: nessa condição infeliz todo homem é um narcisista que odeia seu espelho. A realidade, decalcada do sujeito, está sempre a um milímetro de denunciar sua fabricação — ideológica, religiosa, de casta etc. O sujeito, por decorrência da ameaça, deve extremar-se em negações. Nega peremptoriamente ter alguma ideologia ou mesmo uma psicologia; por dentro, crê-se plano. Nega com toda a ênfase qualquer irregularidade, lacuna ou assimetria na superfície aparencial: absolutiza a solidariedade do sistema, tanto em si, como no mundo. Mas, por isso mesmo, toda e qualquer idéia que caia em dúvida, uma minúcia de representação que se mostre falsa, lança-o no estado de insegurança. Dada a solidariedade do conjunto, praticamente qualquer idéia é axial ou vincula-se ao eixo de construção. Na identidade extrema, a insegurança é proporcionalmente extrema.

Tal o motivo de, na identidade extrema e ressentida, a profissão de fé multiplicar-se em quantidade, embora repita continuamente o mesmo conteúdo. Com certeza, a fé não move montanhas, mas acumula montanhas de verniz na superfície da representação. O homem da identidade extrema professa fé em cada pormenor de seu quotidiano. Logo, sabemos, sua crença está ameaçada.

A identidade extrema é o substrato psicológico geral do fanatismo. A solidariedade horizontal das representações, assegurada pela fé e enunciada como realidade, encontra sua recíproca na semelhança entre o fora e o dentro. Ronda-o a insegurança, em qualquer quebra de representação. A superposição de identidade e realidade é a meta da suspeita: a estampagem da identidade encolhida sobre o mundo quase chega a realizar este ideal. Mas, o passo final, que seria estarem ambas as representações semelhantes na mesma face, é justamente a mais temida das condições para o homem que chegou à identidade extrema por sua inimizade com o real que o repeliu. Arma-se então a fé de um recurso suplementar, que afasta de vez a suspeita. Como se trata de uma fresta paradoxal, não devida a um descolamento, mas a uma semelhança demasiada dos dois lados da película representacional, a defesa contra a suspeita resultante não o é menos. É o preconceito, a que devemos por fim voltar.

Pois o preconceito defende, no caso particular, o campo mais geral. Se, ao homem da fé ideológica, pesa a suspeita de que sua ideologia constrói o mundo que vê idêntico a si, ele defende sua objetividade preconceituosamente. Vale dizer, sustenta-se no seguinte paradoxo: ou toda visão é ideológica, por conseguinte falsa; ou nem por obedecer a certos princípios a visão perde objetividade, e a sua é inteiramente válida. No particular de sua identidade e realidade, declaradas únicas, acusa a falsidade das demais, usando como argumento emocional a objetividade geral do saber humano. Este jogo de campos, em que o geral, fundador do argumento, assegura a impossibilidade de contestar o particular, o argumento preconceituoso, equivale àquele que a crença pratica, porém difere dele num aspecto importantíssimo: na indiferença da crença modal. A crença sustenta, por idêntico paradoxo, qualquer representação, o preconceito, só uma *representação conveniente*.

O preconceito imita bem a crença, de que é uma subespécie, uma aberração mutante. O preconceito, defendendo no particularíssimo o totalmente geral, sem a indiferença da crença modal, e, por conseguinte, já é uma crença afetada de suspeita; se a crença é branca e a suspeita é negra, como quereria o racista, o preconceito é crença com um pé na cozinha. Na identidade extrema, todavia, o mesmo preconceito que se afigura uma curiosidade do quotidiano, encontradiça, incômoda, mas contornável, reverte em modo dominante de formação de identidade. Sempre que um grão de suspeita se lhe depara, a identidade extrema recorre ao modo do preconceito para reassegurar-se.

Vem daí uma segunda redução da identidade. O preconceito vicia-a, torna-se sua crença modal, seu modo intrínseco de asseguramento. O sujeito, nesse caso, quase só crê por preconceito, apenas a representação preconceituosa é digna de confiança, somente é identitariamente válido seu conteúdo, unicamente a lógica do preconceito serve para atestar realidade. O resto é preconceito, para ele.

Já se entende, pelo exposto, que a identidade por preconceito beira a identidade psicótica. Diferencia-as menos a forma identitária específica — paranóica, inspirada, melancólica, maníaca etc. —, que a supressão mais eficiente ou menos eficiente da suspeita. O preconceituoso modal consegue, ao menos por algum tempo, às vezes pela vida fora, livrar-se da suspeita, preconceber e proferir sua fé.

Está o risco maior naquele resto de fusão, que o narcisismo do real exclui. O destino, porção ativa do contágio negado, vai-se carregando de todas as exceções à identidade e à realidade que o estreitamento preconceituoso desqualificou de seu modelo de legitimidade psíquica — e, na identidade extrema, estas são infinitas. Tudo o que não é idêntico, não é — e, a título de não ser, de exceção ontológica, acumula-se num bloco imenso de intenções sem sujeito, de perversidades naturais sem causa, de puras interferências malignas na vida do sujeito. Até que o conjunto das exceções desaba. Era um agouro vago, depois um pesadelo, depois uma estranheza diurna. De repente, toda a participação negada no real surge para o sujeito, mas sem o caráter de real humanizado, de partilha passional: o contágio aparece sob a forma de outra realidade, de um mundo que parecia estar até então oculto, mas que se descortina de chofre, terrível, mas irrecusável.

Então a suspeita é plena. Pois a outra realidade, que assim nasce, reúne tudo aquilo que fora antes negado. Denuncia a fabricação, exibe o contágio, mostra a discrepância entre identidade e caráter, faz ver o real produzindo aparências, tudo ao mesmo tempo, tudo vivo e malevolamente desejante. Como o destino acresceu-se de todo o desejo negado, o sujeito é agora sua vítima, mas não pode negar que também o deseje. Desejo alienado, como se viesse dos outros, mas desejo. O obsessivo, a essa altura, vê que deseja a sujeira, o histérico, a sexualidade que o repugnava, o ideólogo da pobreza descobre-se ávido de ouro, o asceta, de honrarias. A suspeita se torna plena. A identidade perde sua imanência, suspeita-se que sua constância seja dada do exterior, como objeto da intenção modeladora do outro, da sociedade, do real humano. Suspeita-se dos possíveis: não serão objetos apenas possíveis, de que se carece ainda, mas reflexos de intenções externas, intenções funestas que visam privar o desejo de realização. Volta o fascínio, mas um fascínio pervertido que atrai para o abismo sem fundo da alteridade hiante e da aniquilação subjetiva. Revelou-se por fim o real. Mas abruptamente e de mau jeito; o equilibrista de uma corda só caiu na rede da outra realidade. As conseqüências dessa queda já dizem respeito ao capítulo seguinte, que tratará da crença delirante.

9

A crença na situação psicanalítica mereceria todo um livro. Fiquemos, por ora, numas poucas idéias.

A situação psicanalítica trabalha muito próxima ao reino do contágio, põe de parte a realidade quotidiana, expõe, ou procura desenhar aproximadamente, o desejo. Dito isto, talvez se pensasse concluir que prescinde da crença. Sim e não. Ela não pede crença nas interpretações, porfia contra a credulidade, solicita só consideração, alguma demora em contestar o que disse o analista, por exemplo. E se isso falta, paciência, interpreta-se a resistência. Todavia, se a interpretação dispensa de bom grado a fé, não deixa de mexer com a crença. Traz o paciente realidade e identidade à sessão. A interpretação fala da realidade, mostra-lhe possíveis alternativas, desfaz a pretensa objetividade de alguns possíveis: na realidade, inculca possibilidade. As possibilidades, que o analisando garante serem as únicas representações corretas do mundo, talvez sejam plausíveis, outras o serão também, um pouco mais, um pouco menos, porém não as podemos rejeitar. O objetivo não é alterar a convicção, mas inculcar possibilidades onde havia certeza objetiva.

Cede um dos pilares da representação assegurada, a realidade. A intenção, já se sabe, é agir sobre o outro, a identidade. A realidade em si não importa tanto. Importa é sabê-la apenas possível; logo, suscetível de outra representação. É o choque de duas ou mais representações que produz o desastre controlado, cujo nome é *ruptura de campo*. Conquanto perfeitamente possível, esta realidade em que o paciente finca pé mostra-se construída, quando é cotejada com outras possibilidades, seu campo gerador acena ao paciente um gesto de despedida, rompe-se e um vazio sobrevém. Fraturado um campo particular, há um espaço de trânsito, ora vivido em angústia, ora tolerado mansamente, ora acompanhado de pânico ou de sentimentos persecutórios. Depois, outro campo acode a substituir aquele que se rompeu, nova realidade ou aspecto da realidade prevalece, e o processo continua.

Morre a crença? Nem por sombras. Ao contrário, há um singular processo de instrução. O sujeito experimenta, vez após outra, que a perda de um campo particular não implica o desmantelamento do campo da representabilidade em geral. Por isso, as experiências de desrealização se dosam com cautela, por causa do paradoxo da crença modal, que a cada perda de representação ameaça com a perda da representabilidade geral. O analista sabe que não é assim e, contanto que o saiba, pode analisar. Um modo representacional perdido não significa muito, há outros, a condição analítica mantém-se, o paciente aceita entrar em condição de análise. Máxime que, se a realidade degrada-se em possibilidade, a própria representação perdida é apenas um possível entre outros. O campo rompido retorna confiante muitas vezes, ou menos confiante, abalado pela ruptura. De qualquer modo volta o campo ou outro o substitui, e voltam as representações a seus lugares. Tudo torna ao que era, menos o paciente. Pois este aceitou a condição de análise, imprimiu-se-lhe a feição de possível de cada realidade particular, mantendo-se embora a noção de que o campo representacional permanece intacto. A primeira batalha contra os exageros da crença foi vencida.

Aceitando isto, advém o problema verdadeiro: como fica sua identidade? Afinal, a dimensão identitária da representação depende solidariamente da dimensão objetiva. Tornar-se-á a identidade mera possibilidade indefinida, perder-se-á o sujeito?

Não se perde, mas se assusta. A realidade se fez lacunar; tijolos possíveis voltaram a ser possibilidade de tijolo, que não enche parede. Os traços identitários dependentes destes, sua extensão e seu prolongamento representativo da identidade, truncaram-se, e o indivíduo se vê falho, descontínuo. Ademais, a cal da condição possível objetivada dissolveu-se, e a parede inteira da realidade contaminou-se de uma novidade, ela se fez possibilidade, fabricação subjetiva, mais infirme que lacunar. Sua dimensão identitária sofreu o segundo abalo; tornou a ser íntegra, mas cambiante, uma espécie de movimentação constante de possibilidades de ser, nenhuma mais fiável que as outras, todas porém infirmes por igual. Dito de outra forma, a experiência de transitar de uma a outra auto-representação, correspondente ao primeiro ataque contra a certeza preconceituosa que limitava tão estreitamente os objetos possíveis, estendeu-se agora à identidade. Esta integra em si a expectativa de trânsito; por isso, embebe-se de possibilidade. Creio-me assim, mostra-me o analista diverso, esburaco-me; mostra-me então diverso e diverso; conformo-me à diversidade, aceito-a, não sem dor, aprendo a ser possível, incorporo o ser-em-trânsito como coisa minha, posso até voltar, escaldado é certo, ao que era antes.

Essa fase do processo é a da introjeção da condição geral de análise. O homem transforma-se em paciente, adquire, por caráter mimético, a forma cambiante da identidade em mutação que lhe confere a análise, identifica-se com o campo da mudança. Este é um momento sumamente delicado, porquanto a relativa indiferença moral de cada possibilidade concreta pode perdê-lo para a vida prática: pois, se tudo é emocionalmente possível, eqüivalem-se talvez bem e mal, toda auto-representação é válida, já que só representa fugazmente alguma das paragens do movimento de trânsito, este sim a única verdade. Este abalo identitário é compensado em parte pelo *sentido de imanência* do paciente, que lhe garante ser seu psiquismo a origem de suas representações e lugar da troca de representações. Quando esse sentido é muito fraco, o processo é vivido como um perigo extremo à sanidade mental e não raro é abandonado nesta fase inicial. De qualquer modo, a maior parte das terapias pára aí, simplesmente porque o próprio terapeuta não ambiciona ir mais longe. Muitas análises nem chegam a tanto, aliás, mas detêm-se diante da ameaça de começar. Das terapias que prosperam, as comportamentais e suas variantes cognitivistas tomam rumo oposto, reduzem representação a conduta; as terapias de apoio tentam consolidar as paredes abaladas da representação; as demais terapias não analíticas, inclusive a maioria das análises, chegam ao ponto da relativização das representações, contentam-se com que o sujeito se beneficie de um aumento de flexibilidade psíquica. Esta fase do trabalho terapêutico pode durar muito tempo e, se não se pretende ir em frente, é até bom que dure o tempo suficiente para que o cliente adquira uma ampla experiência de relativização, caso contrário ele pode ser sugestionado a aderir a qualquer tipo parcial de identidade postiça — simplesmente para solucionar rapidamente o problema da indefinição identitária.

Quanto mais violenta e breve, mais perigosa é uma terapia. Nesta fase que estamos considerando, o paciente tende a aceitar qualquer substituto para suas convicções periclitantes. Na pressa, cliente e terapeuta podem decidir que alguma das representações é a que mais importa; assim se criam os aleijões psíquicos, viciados em pedaços de realidade ou na perversão da subjetividade: só em trabalho, só em sexo exaustivo, só no estudo, só no sucesso, só na liberdade, só na família etc. É este o caso das terapias de choque, das maratonas e dos demais processos de cura ligeira, por sugestão, que constantemente estão a entrar e sair de moda. Mais sensatas, as outras avançam até a incorporação da relatividade representacional. Muitas análises, aconselhamentos psicológicos, terapias corporais bem conduzidas, psicodramas e as despretensiosas terapias feitas pelos médicos clínicos, agindo todas implicitamente por meio do campo transferencial, cumprem a função terapêutica, levam o paciente até a incorporação do campo da mudança.

Neste estágio inicial da análise, freqüentemente também estado final das terapias, o homem é capaz de mudança, de adaptação ou resistência, torna-se um tanto indiferente ou egoísta, mas em compensação muito mais tolerante. Sua identidade já não é extrema, fez-se quase imune ao preconceito, admite o possível, talvez exageradamente, integra-se melhor a seu próprio corpo e adquire certa ginga de espírito, além de poder admitir com menos dor os fatos da vida, a velhice e a morte. Que mais se haveria de desejar? Cumpriu-se a função terapêutica, fundamento comum à classe toda das boas terapias. Mesmo a análise, é sensato interrompê-la nesse ponto. A crença permanece como crença modal na possibilidade, na queda de uma representação não teme tão fortemente perder o campo da representabilidade em geral. A realidade possível adapta-se bem à identidade em trânsito; ou se não se adapta, pelo descompasso inevitável, ambas as superfícies, mais elásticas, vedam brechas eventuais, por se saberem fletir, uma para a outra. Além do mais, já há uma consciência algo pacificada do descompasso, já se tem notícia do desejo e do real, a fresta não induz suspeitas tão acerbas.

Até este ponto chegam os tratamentos psicológicos sem molestarem decisivamente a crença, apenas convidando-a a abrir uma espécie de parêntese, onde cabe a terapia inteira, como um apêndice importantíssimo do reino das exceções. Ainda assim, o resultado é útil e o trabalho, seguro. Para atingir este grau de virtude, digamos que Protágoras pode ter sido tão bom professor quanto Sócrates.

O analisando que admitiu o trânsito representacional pode, entretanto, ambicionar ir adiante. Cabe ao analista decidir se também deseja avançar com ele, pois nem toda disponibilidade merece uma ação que a preencha. Para compreender em que consiste o ir-se adiante, é melhor partir de uma comparação. Em termos de ação teatral, talvez se possa dizer que as três formas clássicas têm seu correspondente no trabalho analítico. A comédia corresponde, é preciso admitir, aos lances da técnica psicanalítica. O paciente disse algo que o analista compreendeu pela metade; este replica algo que o analisando desentende em parte; o produto dessa comédia de erros, porém, é uma seleção de sentidos que conduz o processo em direção aos nós do desejo do sujeito. A contrapartida da comédia é o drama. Há uma dimensão dramática na psicanálise, representada pela quantidade de sofrimento humano envolvido e pela incerteza das ações. Não basta o sofrimento para criar um drama, o sofrimento pode ser apenas dor física ou dor moral sem escolha, os animais também sofrem, mas não vivem dramas. Também só a incerteza não cria um drama, a incerteza de uma ação pode ser apenas um problema

ANDAIMES DO REAL: PSICANÁLISE DA CRENÇA

intelectual. O drama humano ocorre lá onde o sofrimento encontra a incerteza, na intersecção dessas duas penas. Situando-se aí, analista e paciente jogam uma partida em que cada decisão comporta um grau elevado de incerteza e onde a aposta é a quantidade de sofrimento que está em jogo.

Ora, a dimensão cômica é inevitável desde o princípio do tratamento. Dizem respeito a ela, não só os equívocos que constróem a interpretação, como, e sobretudo, a armação da moldura analítica, a postura do terapeuta, os pequenos rituais quotidianos do processo de cura. Esta dimensão é a que menos molesta a crença; uma terapia é uma estranha situação, há que se conceder, mas a crença facilmente aprende a sustentar as maiores esquisitices e beneficia-se até de um quadro de execução fixo e quase imutável. O drama vai crescendo com o desenvolvimento da análise, e tampouco o podemos evitar, ainda na terapia mais superficial, pois uma vida inteligente e sensível está em jogo. Na medida em que o drama terapêutico é fruto de interpretações, a crença ressente-se da expectativa de trânsito, como acabamos de ver, e da incerteza crescente que as interpretações trazem à tona, mas não necessariamente da quantidade de sofrimento experimentado, pois é parte da função da crença garantir mesmo a mais dolorosa das representações, com igual parcimônia de meios. A tragédia, terceiro gênero da arte teatral, só começa verdadeiramente quando se ultrapassou o estágio de aceitação da análise, considerado até aqui, e a história do paciente mostra sua face oculta. Qual é pois a tragédia psicanalítica da crença?

Nossa vida transcorre simultaneamente em dois planos. Num deles, tomamos infinitas pequenas decisões, sujeitas à incerteza e ao sofrimento, porém o rumo geral que o conjunto mesmo dessas decisões toma acaba por cumprir um desígnio que escapa a cada uma delas. O rumo geral de nossa existência, particular e inelutável, é determinado por um rio subterrâneo de sentidos que corre num plano completamente diverso daquele onde nossas escolhas operam. Na verdade, a dimensão trágica da vida não consiste propriamente em que, qualquer que seja o caminho percorrido, a morte nos espere ao fim, ou que as paixões comuns vençam todas as precauções tomadas contra elas. Não é a vitória bruta do universal sobre o particular, mas sua articulação, a fonte da tragédia: ou seja, a forma particular de viver em face das paixões e da morte constitui um desenho muito especial para cada um de nós, desenho que vamos preenchendo sem a menor consciência de conjunto, até que ele se põe diante de nossos olhos, acabado. Então percebemos que tudo só podia levar a *isto*, que *isto* tem exatamente nossa fisionomia, que este é e sempre foi o sentido de nossa vida.

O lugar onde se organiza tal plano diretor da existência individual é precisamente esse excesso do desejo ainda não representado como identidade. No sentido mais rigoroso do termo, ele é o *inconsciente*. Uma análise, naquilo em que ultrapassa a ação terapêutica, faz falar esse estrato ainda indiferenciado, sem, no entanto, conseguir dar-lhe forma: ele aparece no processo analítico, não numa interpretação, mas como fundo comum de inúmeras interpretações. Numa palavra, o inconsciente recíproco que liga o indivíduo ao conjunto de todas as constelações maiores a que pertence — sua cultura, seus antepassados, sua história — é ativado pelo processo de análise, sem que possa ser completamente desvendado nem receba uma representação suficiente.

Resulta disso que os complexos de sentido que habitam a superfície representacional, relativos às dimensões quotidianas de nossa vida, como o trabalho, o lazer, a procriação e o amor, o conhecimento e os objetivos pragmáticos, admitam uma leitura de ordem completamente diversa. Neles se inscreve a direção que tomará cada existência individual, mas inscreve-se, como no céu se inscreve uma constelação, sem que os componentes estejam materialmente relacionados. A luz de cada estrela de uma constelação vista hoje foi emitida com séculos ou milênios de distância temporal, quando a posição relativa das estrelas não era em absoluto esta, que ora nosso céu parece exibir — daí talvez que a leitura astrológica seja um representante tão apropriado da exegese do destino.

Ora, a crença pretende sustentar cada representação, mas não tem absolutamente em vista o asseguramento dessa forma constelacional que nelas se oculta. Assim, quando paciente e analista começam a pôr em evidência o sentido vago que anunciam certos conjuntos de representações, vistos como sinais, uma de duas coisas acontece. Ou o analisando tenta antecipar um sentido compreensível, e põe fé nessa criação apressada, defendendo-a de qualquer nova ressignificação, ou não lhe resta senão anular tanto quanto possível a função da crença, entrando numa relação de contágio profundo com a análise, já que, no contágio, a crença é dispensada de atuar, pelo menos em larga extensão. Esta relação passional pode, é claro, disfarçar-se em paixão pelo analista; no fundo, todavia, nada mais é que uma absurda paixão pelo próprio Campo Psicanalítico, pelo processo de ruptura de campo.

Quem atinge esse grau dentro do processo de análise, dificilmente consegue abandoná-lo antes do fim. Por isso, é prudente que analista e analisando estejam razoavelmente seguros de que poderão dar conta juntos da cura do destino, antes de passar do drama à tragédia — pois há realmente um momento onde é possível, e muitas vezes aconselhável, interromper uma análise antes que esta se deflagre inapelavelmente. Aceitando o risco e avançando além desse ponto, de que há pouco esboçamos os contornos, já não existe retorno, pelo menos sem que este se acompanhe de um sentido forte de malogro — e não são todos os analisandos, nem muito menos todos os analistas, que podem comprometer-se na aventura da paixão psicanalítica.

Capítulo III
A Crença Absurda

Introdução

Tentaremos agora aproximar-nos da crença delirante. O delírio é uma área relativamente menos investigada pela Psicanálise que outras condições patológicas. Uma das razões para isso consiste, com certeza, na pequena acessibilidade do delirante ao tratamento analítico. Outra razão, talvez até mais importante, é que o psicanalista tende a interpretar o conteúdo de um delírio, como o faria com o conteúdo de uma neurose ou com o conteúdo de um sonho, sem considerar que parte do conteúdo, e a parte decisiva, é fornecida pela função que desempenha a própria forma delirante de representação. O mesmo conteúdo — uma idéia de ruína ou de perseguição etc. — expresso por meios neuróticos, como fantasia histérica ou como representação obsessiva, torna-se a rigor outro conteúdo, quando expresso delirantemente.

Sem nos aprofundarmos em demasia na questão do delírio em geral, convém pelo menos que nos detenhamos alguns instantes a analisar as modificações impostas pela doença delirante à superfície das representações. A melhor maneira de encaminhar esta análise, no momento, é retomar o problema do preconceito, tratado no capítulo anterior, pois ele, o preconceito, já é meio delírio, por um lado, e, por outro, sendo uma evidente produção social, não nos permite cometer o erro comum de atribuir o delírio apenas a um mau funcionamento do psiquismo. Como se sabe, distúrbios metabólicos, estados tóxicos, além de uma quantidade de outras causas orgânicas que provavelmente em breve começarão a fazer-se compreensíveis, podem eliciar uma atividade delirante no indivíduo. Entretanto, uma quantidade também expressiva de condições sociais concretas pode fazer com que indivíduos e grupos desenvolvam formas equivalentes de representação. Assim, é justificável sintetizar provisoriamente nosso conhecimento a respeito dessa ainda misteriosa entidade, afirmando que o delírio ocorre na confluência do social com o orgânico; o que, certamente, não vem a ser conclusão original. Começando com a noção de preconceito, não nos esqueceremos disso.

O homem cuja identidade organiza-se quase exclusivamente por preconceito, como vimos há pouco, bane para a periferia da superfície representacional a grande maioria de suas representações, praticamente todas aquelas que não se vinculem ao tema ou contrariem suas premissas. Isso não quer dizer que o preconceituoso se vá esquecer do próprio nome ou de seu endereço, é evidente; mas sim, que nome e endereço designam o lugar do preconceito, nos casos de identidade extrema por preconceito. Do encolhimento extraordinário que este processo impõe à identidade, resulta um núcleo central de elevada densidade psíquica, cercado completamente por um sem número de exceções. Estas, com o tempo, são a rigor os próprios inimigos que devem ser combatidos e surgem para o sujeito como uma mescla de exterior com intimidade, fortemente repugnante. A projeção mais ou menos eficaz para o exterior é a única maneira de postergar o iminente desmoronamento do reino das exceções, mas aumenta proporcionalmente a perseguição.

Quando por fim desabam as exceções acumuladas e sobrevém o estado psicótico, a identidade sofre um processo de expulsão para o exterior, para a realidade, que nos interessa sobremaneira, pelos efeitos aberrantes que imporá à crença. O primeiro momento desse processo é a desativação do valor identitário do núcleo preconceituoso — ou, em geral, do núcleo de idéias sobrevalorizadas. Tudo se passa como se o sujeito houvesse perdido sua identidade completamente. Qualquer um dos complexos de idéias marginalizados pode funcionar passageiramente como centro identitário, com relação ao qual o restante afigura-se exterior; logo depois, outro núcleo reclama o direito de representar o sujeito, e essa competição toma o conhecido feitio de confusão identificatória ou despersonalização.

A suspeita, essa disfunção da crença que exigia uma demonstração da identidade na realidade, ataca sistematicamente todas as formações circunstanciais que reclamavam o direito de definição da personalidade. Assim, não resta outra alternativa ao eu, cuja função sintética está abalada, mas ainda opera, senão organizar um conjunto especial de elementos da realidade, que funcionarão como referência identitária e, logo a seguir, como identidade artificial. Com isso, a suspeita pode satisfazer-se, ou ser enganada ao menos, pois este novo núcleo de identidade pode realmente ser provado, já que não faz parte da identidade, mas da realidade. O resultado final desse processo estranho é ser dotado o paciente de uma *identidade realizada*, ou, noutras palavras, de expulsar sua identidade para uma área mais segura, pois a realidade é menos afetada pela suspeita que o reino da interioridade subjetiva.

São muitas as conseqüências dessa escandalosa violação das regras comuns do psiquismo, mas só umas poucas nos interessam para a demonstração da crença delirante.

A identidade do delirante, não sendo mais uma autêntica identidade, isto é, um sinal subjetivo apenso, ou melhor, infundido em cada representação de realidade, passa a estar protegida de qualquer tipo de modificação ou correção proporcionadas pela experiência. Tampouco será influenciável por argumentos nem sofrerá efeitos educacionais da realidade. Ela tornou-se uma realidade a mais; a rigor, o centro nevrálgico da realidade. A dominância do núcleo identitário sobre toda a realidade é, aliás, uma das marcas mais notórias do delírio. Tudo se relaciona ao sujeito delirante, pormenor algum escapa-lhe à interpretação, a indiferença ou neutralidade dos acontecimentos quotidianos, que proporciona ao indivíduo comum uma espécie de repouso paisagístico na contemplação da maior parte dos eventos do mundo, simplesmente desaparece. É que a realidade transmudou-se, por seu lado, numa extensão da identidade. O selo identitário não é mais estampado nas coisas, elas mesmas, em compensação, tornaram-se órgãos de uma individualidade psíquica globalizadora, cuja vocação impele-a a abranger o mundo inteiro.

A suspeita realizou seu propósito: agora já não se pode dizer que tenha dois lados a superfície da aparência. Representações identitárias e de realidade formam um só *continuum*, com propriedades muito particulares, que à frente estudaremos. O problema maior desta superfície neoformada parece ser, porém, a presença dos restos do mundo normal. O delírio ambiciona representar todas as coisas, pessoas e ocorrências, como sistema explicativo único, herança do estado de preconceito a que sucedeu. Contudo, na grande maioria dos casos, ele apenas consegue cobrir eficazmente uma parte muito limitada do mundo habitual, persistindo memórias, referências e percepções a serem, por assim dizer, domesticadas. O esforço de organizar o conjunto da realidade com lógica de concepção, ou pelo menos com uma razão infiltrada pela lógica de concepção, portanto híbrida, manifesta-se abertamente através da atividade delirante. Todo delirante é um narrador compulsivo; ele tem de convencer a si e aos outros de que tudo aquilo que parece ainda neutro ou independente de seu sistema, na verdade está nele integrado, no mínimo como adversário. Pois os restos da realidade anterior, carregados de um valor identitário que não sabem suportar, surgem como zonas de sombra inadmissíveis neste projeto de completa visibilidade e abrigam presenças agourentas ou entidades malignas.

Esse estado indiferenciado do mundo delirante, que é tanto identidade como realidade, encontra na vida normal seu correspondente mais próximo na posição peculiar do corpo humano. Corpo é identidade e realidade a um tempo, é coisa e sou eu, é percebido e percebedor. O sentido corporal está, por conseguinte, fundamente alterado nas psicoses delirantes. A atividade normal da crença suprime o corpo, em sua extensão cósmica, para sustentar a objetividade da representação. No delírio, essa dimensão derramada do corpo retorna com pujança; porém, perde sua conexão com o corpo físico e confunde o *corpo* anímico, ou seja, as funções do espírito. O corpo delirante é o próprio mundo: ele sente a dor das coisas, escuta o latejar do desejo das pedras, como das pessoas, é amputado com a poda de uma árvore. Seu corpo, afetado por uma paixão complementar, influi nas condições do tempo, determina os menores e os maiores acontecimentos. A desrepresentação do corpo adquire proporções inusuais e mesmo paradoxais: a um tempo, o corpo some, no sentido de não ser mais um instrumento confiável de percepção ou de comprovação, mas permeia cada fato exterior e dissemina-se nos objetos circundantes. Tudo é representação corporal, por isso não se sabe mais onde está o corpo.

Uma conseqüência secundária desse novo estado de coisas é a preeminência que ganham os circuitos realizadores. Um circuito realizador, como vimos em *Andaimes do Real: Psicanálise do Quotidiano*[13], é um instrumento auxiliar que dá garantia de realidade ou de veracidade às apreensões sucessivas do mundo e dos outros homens. Para reassegurar a confiabilidade de um dado exterior, todos nós lançamos mão, de quando em quando, de pequenos rituais ou amuletos psicológicos. O exemplo mais simples é o da criança que, à volta da escola, depois de realizar um jogo qualquer, ou ao despertar de um sonho, precisa contar os pais a experiência, visando a receber um índice de comprovação que assegure a realidade daquilo que viu ou que sonhou, elevando a realidade empírica ao grau, para ela mais convincente, de veracidade paterna. O psicótico carece, em alto grau, de confiança na veracidade das percepções, memórias e, sobretudo, na veracidade da palavra alheia, porque vive num mundo povoado de intenções, numa realidade identitária. Assim, inventa sistemas cabalísticos de realização, ou seja, de imposição e verificação da realidade.

Esta realidade tão duvidosa, que é corpo e identidade, denota uma última transformação; porventura a mais grave de todas. Como propõe a Teoria dos Campos, o desejo, a matriz simbólica das emoções, nasce do real, por uma diferenciação. Ele é, rigorosamente dito, um setor do real, mas um setor especial, dotado de lógica própria, a lógica de concepção, e capaz de representação, tanto de auto-representação, como de representar o resto do real. Na psicose, porém, parte dessa diferenciação é perdida, quando a identidade é expulsa de seu locus para a realidade. De modo geral, desejo e real participam unitariamente das condições de contágio, sendo o corpo seu paradigma por excelência: no corpo o desejo é perfeitamente real, mas num estado pré-representacional, pois o corpo não é representação. Nos estados delirantes, a corporificação da superfície representacional acompanha-se — na verdade, decorre — da regressão do desejo ao estado de real. Este fenômeno é em si mesmo profundo, não se trata mais de um dos efeitos de superfície que presentemente nos concernem neste ensaio, mas não pode deixar de mencionar-se, porquanto é a raiz da insegurança ontológica básica do delirante, ou seja, está por detrás da transformação de crença em

---

13. Na primeira parte, capítulo 3, "Acerca da mentira e do erro necessário".

suspeita. A crença em forma-suspeita é o reflexo, na superfície das representações, da realização absurda do desejo. A suspeita é o índice seguro de que um desejo foi perfeitamente realizado — no único sentido verdadeiramente preciso deste termo tão comum e tão levianamente empregado.

A escolha de um tema pelo delírio não é também uma questão que diga respeito diretamente à crença. A crença normal, assim como a crença em forma-suspeita, não se responsabilizam pela seleção das representações, mas lidam por sustentá-las — ainda que o segundo tipo, a suspeita, as sustente de forma eminentemente paradoxal, por meio de uma crise interminável. Entretanto, um dos aspectos dessa seleção deve ser levado em conta aqui: o estrato psíquico do qual procedem esses temas. Os campos são os inconscientes das diferentes relações psíquicas; como tais, não possuem representação própria e a tarefa de nomeá-los é praticamente impossível. Não obstante, como determinam a rede de sentidos onde se nutre o pensamento quotidiano, sua encarnação de primeira ordem consiste precisamente nos temas desta rede, cada qual com sua própria lógica de concepção ideativo-emocional. Na organização da vida comum, os temas dessa rede alternam-se, compõe-se, suplantam-se reciprocamente; algum deles domina um certo setor da vida durante algum tempo, geralmente mesclado com outros; mas, mesmo quando sua dominância é longa e indisputada, as representações que nele se nutrem disfarçam, para o sujeito, sua origem. Esta é a lei primeira dos campos: quando se está operando dentro de um campo, ele não é apreensível, parece ser simplesmente o modo natural do funcionamento mental.

Ao estudarmos a constituição do quotidiano, em *Andaimes do Real: Psicanálise do Quotidiano*, pudemos trazer à tona algum de seus temas, filiados a campos relativamente homogêneos. Quando se trata agora de compreender o delírio, é preciso ter em mente que os temas delirantes não são outros senão os próprios temas da vida comum, apenas sua dominância é quase absoluta e as relações geradas muito mais repetitivas. Vem daí que o delírio ponha em relevo aquilo mesmo de que nosso pensamento se nutre habitualmente; o delírio tematiza as regras ocultas do quotidiano. É como se o paciente delirante houvesse trabalhado com rupturas de campo, como nós o fizemos no estudo acima citado, e tivesse depurado um dos modos de organização do quotidiano. A diferença maior entre o procedimento teórico de demonstração dos temas sustentados por diferentes campos relacionais e o procedimento delirante será, quem sabe, o tipo de crença que resulta nos dois casos: nós cremos que o sujeito psíquico normal, quando se examinam os fundamentos de seu pensar, obedece a regras muito estritas e, a bem dizer, absurdas, já o delirante crê que o mundo mesmo é composto dessas regras, e apenas do estreito setor daquelas que compõem seu tema. Mas, sem dúvida, o delirante também descobre, por sua conta e risco, uma parte do estrato gerador, ou campo, da vida normal — justamente por isso dizemo-lo louco. Neste capítulo terceiro, tomaremos como modelo dos campos psíquicos o tema da sorte/azar. Poderia ser outro, qualquer um. Poderiam ser vários. Mas a sorte/azar serve de exemplo mínimo das regras de um campo do psiquismo e permite compreender como a crença em forma-suspeita trabalha para sustentar as representações dele derivadas, suspeitando sempre. Este tema, aliás, não só se prestará a exemplificar a rede ou trama subjacente ao pensar, donde retira o delírio seus temas, como há de servir para construirmos um pequeno exemplo de delírio, algo esquemático, por ser artificialmente construído. Os de verdade são muito complicados para a demonstração da crença.

1

O pensar quotidiano é o percurso da razão comum pela superfície de representação. Não é difícil defini-lo negativamente: é um dar as costas psíquicas ao reino do contágio, aos grandes temas da profundidade mental, à ordem de produção concreta, aos horizontes limitantes da vida — nascimento e morte —, aos processos constitutivos do psiquismo, por fim e sobretudo, à lógica de concepção das representações. Aludimos várias vezes à queda ou mergulho que o espírito pode experimentar, despencando de sua aparentemente sólida cegueira, em direção ao seio produtor do real — onde se inclui o desejo —, com o dramático resultado de vir a topar com tudo a que voltara as costas espirituais, perdendo-se então do arduamente construído pensar quotidiano. Mas aludimos também, numas poucas ocasiões[14], a uma espécie de rede de proteção, onde o equilibrista espiritual é retido ou de onde reboteia novamente até seu arame.

---

14. Na "Introdução" a este capítulo, assim como em "O Homem Psicanalítico, Identidade e Crença" (*Revista Brasileira de Psicanálise*, vol. XVII, nº4, 1983, pp. 417-427), por exemplo.

A analogia é apenas aproximada, como toda analogia. Tal rede não está propriamente estendida abaixo da superfície de representação, como se fora um segundo sistema protetor do contágio. Ao contrário, ela constitui a trama de sustentação do pensar, a malha que dirige o bordado e sobre a qual figuram as representações. Como em qualquer trabalho caprichoso, a tela se encontra coberta por inteiro pela bordadura; esgarçada esta última, revela-se sua malha de sustentação.

É chegado agora o momento de esclarecer melhor a natureza dessa rede, porquanto, se no quotidiano ela sustenta e dirige o pensar inaparentemente, os estados psicóticos tematizam-na. Em primeiro lugar, ela não é o mesmo que a crença. Esta, a crença, é por definição indiferente ao teor da representação que sustenta; a trama não, ela se compõe dos constituintes do pensar, inaparentes ou despercebidos, emprestando qualidade específica ao concebido, outorgando linhas diretrizes às produções mentais, aproximando formalmente seqüências muito diversas de pensamento e figurando, por fim, na própria superfície aparencial, a título de comunidade (ou parentesco) das representações dessemelhantes. Em segundo lugar, enquanto a crença nasce da desrepresentação da lógica produtiva, a malha é um efeito de infiltração, parcial e amortecido, dessa mesma lógica. Nos sonhos e delírios exibe-se sem grandes restrições; em condições menos extremas, como nas neuroses, revela-se a contragosto, quando ocorre a interpretação dos sintomas; no quotidiano, esconde-se, porém reponta aqui e ali, em momentos excepcionais —— superstição, magia, experiência estética, folclore —, e pode ser exumada pela análise comparativa, como se tentou fazer, aliás, em *Andaimes do Real: Psicanálise do Quotidiano*. Certa confusão com a crença deriva de dois fatos. A trama dos constituintes do pensar diário, quando tematizada, recebe o nome vulgar de *crença* — embora pouco tenha a ver com o objeto da análise que estamos realizando e que dá título a este livro. Por outro lado, sua função é complementar à da crença, as representações que esta assegura, aquela dirige, e também o faz a partir da espessura da superfície representacional.

A sistematização completa dessa malha constituinte é naturalmente impraticável. Atingimo-la através da análise de cada condição particular do real, dos reais específicos, do estudo da moral, da investigação dos sintomas neuróticos, da comparação entre tipos de organização do pensar quotidiano. De certo modo, todo o livro sobre a psicanálise do quotidiano foi a ela dedicado. A constituição

ANDAIMES DO REAL: PSICANÁLISE DA CRENÇA 133

lógica dos sentimentos, por exemplo, expôs algumas propriedades dessa trama, ainda que sem as sistematizar. A ordem veritativa da psique social no processo autoritário também lhe diz respeito. A noção fundadora da moral prática, que insiste em haver uma espécie de nebulosa proporcionalidade entre os atos e seus resultados longínquos — para lá de qualquer efeito direto e como um sentido intrínseco de justiça embrenhado no mundo real —, faz parte dela; suas figurações tais como deus, destino, causalidade moral, justiça psicológica, justiça ecológica ou racionalidade social, já constam do reino das representações e constituem matéria de fé, em nossa acepção de fé, naturalmente[15]. Mas, igualmente, toda a laboriosa análise dos mecanismos neuróticos, que nossa ciência tem levado a cabo, desvela componentes do pensar quotidiano. E o estudo dos mitos, das ideologias, das significações sociais converge, da mesma forma, para seu esclarecimento.

Devemos imaginá-la como uma rede lógica, *pré-racional*, e comprometida com certas qualidades específicas. Em si mesma, não há porque supô-la complicada ou infinita; mas tão-somente ainda não sistematizada e em grande parte desconhecida. Uma das dificuldades de sua investigação faz jus a um instante de pausa. É que, tão cedo um subconjunto de suas propriedades tenha sido esclarecido, a este é atribuído pelo estudioso, *pars pro toto*, o título de fundamento inteiro da rede. Contudo, o que se descobriu, em cada caso, foi um fragmento da lógica produtiva, ou "de concepção", que se vem a localizar, via de regra, na origem profunda do respectivo processo — social, econômico, lingüístico, psicológico etc. — e a que se concede, certo ou errado, o valor de fundamento geral. Saltando, entretanto, da profundidade para a superfície, as analogias entre o subconjunto fundamental e as linhas de pensamento e conduta são ressaltadas, minimizam-se as diferenças, e os autores ousadamente explicam toda a ordem das representações como reflexo deste esquema gerador em particular.

Ora, aí está um equívoco considerável. Imagine-se, por exemplo, que um sociólogo, observando alguma analogia entre certo comportamento individual e o modo de produção da sociedade capitalista ou os resíduos do escravismo, decidisse subir do nível do papo para o da teoria, sem contar com as mediações contraditórias da malha da psique do real? Faria o mesmo que o analista que

---

15. Trata-se das partes quarta, terceira e segunda do livro, respectivamente.

interpreta com instrumentos metapsicológicos, com a teoria da identificação projetiva, com a idéia lacaniana de castração simbólica, etc. comportamentos parecidos ou isomórficos aos conceitos, sem passar pelas mediações da malha equivalente. Ambos poderiam redigir interessantes ensaios de para-sociologia, no primeiro caso, e, no segundo, digamos, de parapsicologia psicanalítica.

A malha, esse estrato do pensar comum que também conhecemos como *zona intermediária*,[16] é uma autêntica mediação, que não pode ser ignorada nem esclarecida de baixo para cima. Primeiro, há que se esboçar um estudo horizontal abarcante, compreendendo as conexões entre os vários componentes, uma vez que um reflexo qualquer, mesmo admitindo sua existência, teve de se compor com inúmeros outros, até ser eficiente num nível qualquer de conduta. Os resultados obtidos pela análise da rede que organiza o pensar comum (e não a conduta que se assemelha a tal ou qual esquema de pensamento) é que permitiriam, uma vez sistematizados, estabelecer pontes de ligação com a estrutura profunda das produções humanas. Nunca a simples analogia especular ou reflexo, tendo-se saltado um estrato inteiro da cadeia de geração. Se o comportamento de um indivíduo parece-se com alguma estrutura de produção social, se um fato social ou individual parece-se com alguma teoria psicológica ou psicanalítica, é preciso traçar as etapas da derivação possível, jamais atribuir causalidade.

Fechado o parêntese, esclarecido o nível de nosso presente objeto de estudo, passemos a um exemplo da trama constituinte do pensar diário. Sorte e azar fazem parte destacada do arsenal de "crenças" comuns — embora não sejam crenças, mas esquemas de representações sustentadas pela crença. Parecem o depósito de formas de pensamento mítico e religioso, sobre a superfície de um quotidiano que paulatinamente se laicizou. Talvez sejam muito mais que isso, mais que um resquício anacrônico, muito embora não possamos negar o parentesco entre o pensamento dominado pelas noções de sorte e azar com a magia e a religião.

Há de início dois tipos de sorte. A primeira está ligada à incognoscibilidade do resultado de um evento, como o lance de dados ou a bolinha da roleta. Substitui a noção de probabilidade matemática — ou melhor, na evolução do pensamento, esta, a segunda, substitui

---

16. Expressão que dá título ao capítulo 2 da *Introdução à Teoria dos Campos*, Ed. Casa do Psicólogo, São Paulo, 2ª edição, 2005.

ANDAIMES DO REAL: PSICANÁLISE DA CRENÇA 135

aquela. Tive sorte, se ganhei; azar, se perdi. Apenas é de notar que, ao contrário da pura expectativa aleatória da matemática, a noção de sorte implica uma positividade metafísica na conjunção favorável ou desfavorável dos eventos. Para a sorte metafísica não há acontecimentos neutros, além do mais. Positiva e abarcante, a sorte metafísica estende-se como uma rede universal, permeando a determinação de todos os lances da vida. E vai distribuindo meticulosamente seus sinais de + e de -; repugnam-lhe acima de tudo a indiferença e a indeterminação.

Já a sorte eficiente dá um passo adiante e acrescenta à anterior uma hipótese de causalidade alternativa ou paralela, em relação às causas concretas. Filiam-se ao segundo tipo toda a parafernália de fetiches, amuletos, orações, fórmulas mágicas, mas também os astros, restos da sobrevivência dos velhos deuses, seqüências naturais e sociais variadas que se concebem como leis de causalidade, aberrações de comportamento das pessoas ou das coisas etc. O chinelo virado dá azar, mas o guizo de cascavel dá sorte. O sal derramado, desperdício de vida, dá azar, assim como o espelho quebrado, que havia de ter guardado restos da minha imagem virtual, quem sabe. Certos alimentos, certos animais, certos procedimentos sociais são azarados ou maus. E assim por diante.

Trata-se, na verdade, de duas dimensões interligadas. Através da primeira, a metafísica, o registro da sorte elimina de vez todo o continente imenso da indeterminação e da indiferença, subordinado cada acontecimento de minha vida, pequeno ou grande, à mesma egocêntrica cadeia geradora — porque, com efeito, quase tudo é sempre sorte ou azar para alguém. Minha subjetividade adquire, por tais descaminhos, uma dimensão verdadeiramente cósmica e faz-se juiz do universo. Mesmo quando um fato tenha sido produzido sob meus olhos, com todas as etapas de sua construção à vista, ainda poderei concluir que tive sorte ou azar, pois seu desenlace poderia haver-se desviado, mercê de alguma influência mágica que não ocorreu. A sorte metafísica, modesta na aparência, cria um universo mais amplo do que o físico e o social, pois nele inclui o universo inteiro dos possíveis. É, além disso, um inesgotável estoque de causalidade paralela, porquanto não nega, por via de regra, a causalidade material. Nesta causalidade, insere-se a segunda dimensão, a sorte eficiente, por um pequeno, mas portentoso passo. Ela agrega que este universo de possíveis influências é, de alguma forma, controlável.

No entanto, talvez estejamos a cometer um erro. Situando a sorte metafísica como substituta do caráter aleatório dos eventos e a sorte eficiente como substituta de sua causalidade concreta, podemos estar sugerindo que estes dois arcanos do pensamento são derivações ou desvios do pensamento racionalista, razão exacerbada que a mentalidade científica sequer conseguiu ainda tornar dominante no quotidiano. É bem o oposto que acontece, no entanto. A sorte metafísica, promovendo a solidariedade geral de toda a realidade, sob a égide de um sujeito infinitamente extenso, é a matriz de que todos os sistemas racionais de explicação — aleatoriedade, indeterminação, determinismo, sobredeterminação, retroalimentação, dialética etc. — resumem-se a ser modestas e adventícias filiais. Por sua parte, derivando possivelmente das formas de controle mais primitivas dos objetos e do outro humano, a sorte eficiente forma o padrão universalizante de sua extensão a modos mais complexos e sofisticados de dominação do mundo. Em ambos os casos, não se trata, senão na aparência, de uma espécie de co-causalidade, porém do fundamento autêntico, matricial, da noção de causalidade psicológica — a causação interior dos movimentos de meu espírito e de meu corpo — em vias de projetarem-se inclusivamente sobre todo o reino do sensível.

Fica bastante claro para o investigador desapaixonado que o princípio de sorte/azar opera em todas as pessoas, nele inclusive. Minha vida, sob tal princípio, divide-se em fases. Cada dia mantém, no interior de suas vinte e quatro horas, uma espécie de aglutinação independente. Um bom dia começa com o pé direito. Há influências inescusáveis; não é preciso que porte talismãs, o êxito de um gesto qualquer, a facilidade em combinar as roupas, de manhã, já prenuncia, por extensão, os outros êxitos que se hão de seguir. Também a semana, o mês, as estações e os anos, as quadras da vida — entrar nos "enta", de que se não sai vivo quase nunca — ligam-se internamente como conjuntos perfeitamente discerníveis, em que uma misteriosa solidariedade prenuncia e determina efetivamente, não o duvidemos, os êxitos e fracassos. Tudo ligado a tudo, mas principalmente, tudo ligado a certos eventos diagnósticos: "Depois que aquela mulher/ me abandonou/ não sei por que/ minha vida desandou:/ o canário morreu,/ a roseira murchou/ o papagaio emudeceu/ e o cano d'água furou"... etc. etc. Tal interdependência, contudo, está-nos constantemente remetendo a um estrato básico da formação do pensamento prospectivo que, projetado no mundo, tem o caráter e a eficiência de um campo misterioso, estrato do real composto de puro poder de determinação. São marcos delimitadores, em primeiro lugar, que balizam zonas de influência peculiares. Depois, é um prodigioso mecanismo de analogia, tal como isso, então aquilo, posto em funcionamento — *tal como na faculdade, então na vida profissional*, exemplo banalíssimo, mas de gritante falsidade. Ou é a demonstração por terceiro excluído, abusivamente utilizada fora dos cânones tradicionais: *se não foi desta vez, da próxima tem de ser*. Similitudes, séries homólogas, inferências indutivas, deduções bizarras; quem sabe se todas as figuras da lógica, e mais outras tantas, a inventar, não entrem no mágico caldeirão da sorte. Ou, talvez, dele saiam, tanto do ponto de vista formal, quanto sob o ângulo da eficácia, para alimentar as fantasias dos filósofos... Esse estrato do pensamento promove, como se vê, a interconexão dos diferentes setores da superfície representacional, não garantindo, porém, a solidez estática de cada um, mas antes imprimindo-lhes um cunho dinâmico de constante ação prognóstica. Até aí, não apresenta à crença maiores problemas.

Os problemas começam quando, a tal dinâmica, se vem aliar o outro caráter do estrato da sorte; a saber, a solidariedade exigida do mundo objetal refere-se por inteiro à subjetividade. Que o eu seja o centro do universo representado ainda não é o problema verdadeiro; porém, que todas as ocorrências da realidade estejam centripetamente vinculadas pela identidade, que suas inter-relações naturais percam a autonomia e que as séries completas dos eventos naturais e sociais corram por conta de uma determinação subjetiva, intencional ou inconsciente, eis uma ameaça considerável à distinção entre identidade e realidade, fundamento da representação. Quando, pois, a realidade abraça tão estreitamente a identidade, a função da crença começa a ser sobreexigida. E reage. Sua reação consiste em limitar a esfera de influência do estrato da sorte, potencialmente ilimitado e excludente de outros princípios, a uma série determinada de representações convenientes: estas e só estas são declaradas passíveis de produzir efeitos de sorte/azar.

Mesmo assim, a crença já se comprometeu. Eis porque a sorte pode dizer-se crença na sorte; já que se trata, com efeito, de estado de crença ou, segundo o caso, fé. Admite a sorte, por conseguinte, um moderado contágio entre o mundo e o eu, que possibilita a emersão, moderada também, de elementos da lógica produtiva na superfície aparencial. Não seu desvio com relação à razão científica, com que a crença não se preocupa especialmente, mas a ameaça de contágio é que instiga sua intervenção aberta, que degenera em estado de crença. Na verdade, o resultado é mesmo pior. Afetada pelo dinamismo lógico de sorte/azar, a ação da crença tem de reproduzir-se acorde ao mesmo; a incessante denúncia de indiferenciação entre realidade e identidade gera suspeitas acerca da posição exata de cada qual das configurações representacionais. Embora com intensidade moderada, a crença na sorte converte-se em crença suspeitosa, essa moléstia onde fica suspensa, em cada asseguramento de representação, a eventualidade inaceitável da superposição das faces identitárias e objetal da superfície da representação.

O estado de contenção eficaz do sistema sorte/azar, quando a crença não precisa ultrapassar a condição de fé, conhecemo-lo pelo nome de *superstição*. Há, não obstante, um quê de desconfiança maligna já anunciado na autodefinição de *supersticiosa* que alguém aplica a uma idéia sua, uma migalha de suspeita — que esta se reduza comumente a ser apenas dúvida na verdade da própria superstição, não passa de conhecido artifício do campo da crença, pois a dúvida é uma limitação curativa da suspeita, como já vimos. Tanto é assim que sua alternativa consiste na afirmação positiva do pensar supersticioso, a título de artigo de fé; recurso grave, testemunha do incômodo causado pela crença suspeitosa. Supersticiosos de noite e cépticos de dia, estamos todos comprometidos com um estrato eficientíssimo do pensar quotidiano — entre tantos outros que infelizmente temos aqui de deixar de lado —, cuja tematização aberta num delírio, depende apenas da decisiva predominância da crença suspeitosa sobre a dúvida.

2

À crença suspeitosa já nos tínhamos referido no item anterior. É oportuno que retomemos agora o fio daquela análise. O traço dominante de nossa cultura urbana, com certeza existente em grau menor noutros tempos e noutras partes, é a peculiar introversão do real, simultaneamente humanizado em excesso e indisposto com relação a seu homem. Nosso real pensa com a independência da lógica social e das ideologias com respeito a seus autores; o real fala, por meio da autogerada razão dos instrumentos de comunicação de massa;

o real age, por uma cadeia incontrolável de efetores sociais que tomam seu homem como massa de manobra. Tudo isso é bastante conhecido. O real pensa, fala, quer e age, em larga medida, alheio a seu homem, empurrado para a periferia dos efeitos e empregado ao modo de engrenagem da própria fabricação. Hoje, o homem se torna perfeitamente individual, para, logo em seguida, morrer como indivíduo. Seus reclamos, no sentido de manter a individualidade, levam-no a romper com o real que se tornou narcísico, a aceitar a exclusão, porém de espírito ressentido, num narcisismo simétrico ao narcisismo do real.

Esta seqüência, narcisismo do real e individuação ressentida, parece ser absolutamente notória na grande cidade contemporânea. Não obstante, por caminhos algo diferentes, pode suceder igualmente em condições sociais diversas. Medeiam-na, mais ou menos fortemente, condições de trabalho, formas de distribuição dos valores sociais e, sobretudo, a organização da família e da vida comunal. Aquilo que há de comum a todas as maneiras de proscrição do homem é o resultado final desse processo. Um delicado equilíbrio vem a romper-se, como pudemos ver no capítulo anterior. Resumidamente, o sujeito vai reduzindo o acervo da própria identidade, à medida que aumenta seu apego à individualidade e seu terror ao contágio; por fim, só lhe resta o mecanismo do preconceito para se autodefinir e a identidade individual, factícia, à qual adere, extrema-se em negar seus liames com o real. De um lado, fica então o sujeito desconfiado, suspeitoso, zelando por sua identidade extrema; de outro, o acúmulo dos elementos negados, mas que se conservam a título de exceções, carregando o inconsciente recíproco ou destino. Até que essa frágil montagem desaba.

As precondições decisivas para o desabamento delirante já foram estudadas em *Andaimes do Real: O Método da Psicanálise*[17], mas não custa recordá-las. Primeiramente, o sentido de imanência deve garantir que, qualquer que seja a extensão da superfície de representação identitária, esta sempre designe, em forma absoluta, aquele que pensa seus próprios pensamentos. Se este sentido, contudo, é menos sólido, a própria sobrecarga das exceções, formações híbridas de realidade e identidade, ao superarem de muito o minguado núcleo de representações autodefinidoras, produz o súbito colapso do sistema

---

17. Principalmente na terceira parte, capítulo IV, "Narcisismo" e V "Sérgio, o detetive peregrino".

representacional inteiro: o paciente não tem qualquer garantia de sua distinção. Tanto se individuou, que sua individualidade reduziu-se a um ponto virtual, abrindo-se, como um feixe de luz convergente para lá do ponto focal, em raio invertido, divergente, abarcante e disperso entre os componentes da realidade. Paradoxalmente, à semelhança do foco de luz, a identidade por demais concentrada derrama-se sobre a realidade, e o sujeito passa a ser representado por estruturas concretas, alienando-se.

Em segundo lugar, a noção discriminada da hierarquia dos possíveis — que determina graus diferentes de probabilidade para representações concebíveis de minha pessoa, diferenciando aquelas quase certas das muito remotas — assegura, em condições normais, um sistema amortecedor para o acúmulo das exceções. Entre o núcleo da identidade, estreito embora, e a realidade radicalmente externa, ela distingue níveis diversos e escalonados de possibilidades. Entre um homem e seus objetos, os sonhos, por exemplo, podem mostrar uma indesejável fusão, certas memórias de ações e sentimentos enlouquecidos podem confundir o sujeito com respeito à sua identidade e enchê-lo de suspeitas delirantes, projetos megalomaníacos e possibilidades nefastas de todo o tipo ocorrem-lhe levemente a todo momento. Ordenar tais representações e neutralizar sua peçonha é tarefa do sentido de possibilidade. Mas, se ocorre a *patologia dos possíveis*[18], esse estado pantanoso do ser em que se tornam indiferenciados condições possíveis e fatos reais, a última barreira contra o já pesadíssimo acúmulo de exceções, na identidade extrema, cede finalmente. E, faltando também um sólido sentido de imanência, o sujeito é precipitado, muito a seu pesar, no abominado reino do contágio.

Ora, como já vimos também, os sentidos de possibilidade e de imanência estão intimamente vinculados, em sua origem e função, à origem e função da crença. E é assim que adoecem simultaneamente, instaurando a crença suspeitosa.

Em teoria, o desabamento da montanha acumulada de exceções poderia soterrar definitivamente o sujeito. Ele seria empurrado então para o seio do real narcísico, perdendo todas as referências identificatórias, sabendo-se produzido por inteiro pelo poder que, enquanto indivíduo radical, mais deve evitar. Careceria,

---

18. Defeito do sentido de imanência e patologia dos possíveis, em conjunto, formam o limiar delirante, a condição necessária para a instalação de um delírio. Cf. "43 de abril, ou o drama ridículo de Aksenti Ivanovitch", em *O Divã a Passeio: À procura da Psicanálise Onde não Parece Estar*.

conseguintemente, de instrumentos adequados de pensamento e linguagem para enfeixar minimamente sua experiência, já que cada representação tentada revelar-se-ia híbrida de real e desejo, estariam ele e os outros em contágio cerrado, mas tudo intencional, agente, móvel e ao mesmo tempo estagnado perpetuamente nessa louca turbulência. Confundir-se-iam por completo lógica de concepção (produtiva) e lógica do concebido (razão comum): as palavras haviam de fragmentar-se em unidades geradoras, seus sentidos multiplicando-se doidamente pelo produto das conotações equívocas — geradoras da denotação perdida, da autodefinição que lhe escapou —, e ele só poderia emudecer ou balbuciar sem coerência. Tampouco seus pensamentos se poderiam alinhar em dimensão horizontal, expandindo-se a todo momento para produzir novas representações de novos níveis, desencontrados e alheios às condições habituais da lógica do concebido: pensando o impensável, o atópico, o que não tem lugar nem forma prévia.

Por sorte, embora tal estado teoricamente antecipado realmente ocorra — nas demências, nas psicoses agudas, nalgumas psicoses tóxicas —, há ainda o recurso do *delírio*, última defesa do psiquismo contagiado de real. Este começa, como é sabido, com um pesado clima de desconfiança, quando a identidade extrema, por preconceito, assediada pela pressão das exceções, exige desesperadamente a função da crença. Suspeita-se de fabricação, de insinceridade, de animação do real, de onipotência da identidade nos acontecimentos do mundo, culposa ou vitimada identidade, de quebra das barreiras entre as individualidades, com vivência persecutória ou engrandecedora, suspeita-se de um pensar mundanizado, cujo agente é exterior e domina o sujeito. Numa evolução paradigmática, ainda que nem sempre claramente apreensível pelo psiquiatra, segue-se o mergulho. Em muitos casos, a série dos chamados fatores acidentais que o precipitam entretém uma relação bastante discernível com a temática posterior delirante; mas não se atribua uma à outra, porém ao contrário, atribuam-se as duas, precipitante e tema, à qualidade específica da vulnerabilidade do sistema, ao ponto mais sensível da função da crença em cada condição psicológica.

Isso se deve a que, ainda antes do mergulho no real ou do desabamento do sistema de identidade extrema (por preconceito) — dois lados da mesma moeda —, uma das linhas de constituintes do pensar comum já se estava a tornar demasiado conspícua, denunciando, com sua especificidade, a interpenetração localizada das dimensões identitária e objetal, assim como certo setor eficaz da lógica de concepção, particularmente ativo em tal constituinte. É de se admitir, por via de coerência, conquanto dificilmente o possamos provar, dado o caráter fugidio do mergulho psicótico, que este se detenha parcialmente no modo de revelação especial do constituinte que se há de tematizar depois. A favor desta hipótese contam as diferenças efetivas entre os grupos de psicoses delirantes, a inter-relação entre temática — descontadas as diferenças comprovadamente circunstanciais — e estrutura patológica, a relativa vinculação entre aquilo que a psiquiatria batizou de *patogenia* e *patoplastia*. Numa palavra, a representação conveniente não é, de modo algum, aleatória. Em segundo lugar, fala a favor desta delimitação do mergulho psicótico o fato de certos quadros esquizofrênicos, onde presumivelmente a delimitação é deficiente, apresentarem, como resultado, floridas produções delirantes que só a custo se vem a sistematizar, às vezes nunca, ou ainda não conseguirem produzir atividade delirante bem distinta. De qualquer modo, este é um capítulo de investigação teórico-clínica especialmente difícil, em que qualquer conclusão, ainda a título de modelo, parece duvidosa.

De qualquer modo, algum setor daquele estrato intermediário, exemplificado no capítulo anterior com o sistema sorte/azar, joga sempre papel especial em cada formação delirante. E impõe-se à investigação, enquanto termo médio para toda comparação entre estrutura e tema no delírio, a qual fracassará necessariamente, caso ignore tal passagem necessária. Algumas psicoses tematizam a inter-relação entre os homens, então predominam idéias de influência e de perseguição; outras incluem o estrato sorte/azar, por exemplo, e o paciente delira sobre seu poder de fazer com que aconteçam certas conjunções felizes ou desafortunadas; outras ainda, em que o estrato intermediário privilegiado no mergulho é a rede dos sentidos sexuais, girarão quase exclusivamente sobre a questão da potência, do atrativo sexual ou da procriação. Para compreender, portanto, a conexão entre temática e patogenia, seria preciso contar com um mapeamento razoável dos campos subjacentes ao pensar quotidiano — que incluem, naturalmente, muito daquilo que a Psicanálise designa como inconsciente, mas também tantas outras categorias menos estudadas, de que o sistema sorte/azar foi só um pequenino exemplo.

Retomemos, porém, nossa descrição. A suspeita encontrou seu reino de predileção. Correndo a pesquisar uma das linhas de constituição subjacente ao pensar comum, ela o perquire infatigavelmente à procura de uma ancoragem identitária. E a encontra, em regra; tais constituintes enfeixam precisamente realidade e identidade, num contágio moderado. Um apoio identitário, com fumos de realidade, detém a suspeita, embora não lhe satisfaça o apetite. Ela afirma tal apoio, mas transformada em crença suspeitosa, defende-o como vital à identidade do delirante, fá-lo centro do sistema inteiro de autodefinição, porém não pára de inquirir. Sua vertente de realidade, por seu lado, serve para a edificação de uma realidade paralela, a qual repousa inteira na ancoragem identitária, decorre desta, influi e sofre a influência da mesma. Por tal motivo, sua nova identidade passa a ser vital também para toda a arquitetura da realidade nova. O paciente delirante reconstrói o mundo com tal arte que sua identidade redefinida cabe lá perfeitamente, tão perfeitamente, aliás, que este mundo novo nunca consegue ser perfeitamente sólido, sendo, ao contrário, como que uma dependência da identidade do sujeito.

Mas a suspeita tem ainda campo fértil a trabalhar. Coexistem agora um núcleo identitário neoformado com os restos da formação anterior que se rompeu, mas nem por isso desapareceu; acima de tudo, a realidade não desapareceu, foi acrescida de uma nova unidade, privilegiada, explicativa, a que o remanescente do mundo habitual se tem de harmonizar. Esse esforço demandado, a crença suspeitosa aceita-o com gosto, tece, usando as malhas do constituinte dominante, hipóteses sucessivas de unificação do campo oferecido pela convivência forçada dos dois tempos, antes e depois do mergulho. Sua manifestação externa, sintomal, é a compulsão narrativa do paciente delirante.

Tudo se passa como se um preconceito monumental se tivesse posto em marcha. O que doravante é preciso defender já não é apenas um ponto de vista, como nos preconceitos vulgares, nem mesmo o reduto assaltado de uma identidade extrema, como antes do mergulho; identidade e ponto de vista combinaram-se numa forma original: a identidade extrema encontra-se invertida, não é um reduto, mas fonte de expansão de um ponto de vista, ou melhor, de uma ação organizadora da totalidade do mundo. Se antes o paciente tinha de defender sua condição de ser superior, por exemplo, agora é a superioridade pessoal, elevada a uma potência absoluta, que determina os acontecimentos da realidade. Da defesa, a crença suspeitosa passou ao ataque; para sustentar a ancoragem identitária é seu dever subordinar os restos da identidade anterior ao novo centro, mas sobretudo harmonizar o mundo inteiro, se possível, à vertente de realidade que comportava. Um êxito total, ou muito amplo, cria os sistemas delirantes, onde uma simples periclitância da identidade parece ao sujeito levar de imediato ao fim do mundo, ao apocalipse, já que sobre sua identidade assenta-se o universo inteiro; resultados mais modestos terminam com o enquistamento do âmbito delirante em setores bem localizados da superfície representacional, e o paciente pode conviver com um mundo relativamente normal, à exceção de certo tema delirante.

A marca original da ancoragem identitária conseguida na psicose delirante é que esta nunca é pura identidade. Sua estrutura híbrida de realidade e identidade permanece ativa, exigindo uma constante dispersão projetiva da vertente de realidade — caso contrário, o quanto de realidade que contém inibiria de imediato seu valor identitário: o paciente que teve seu mergulho detido na trama do pensar que tematiza o sistema de poder social, por exemplo, pode concluir que é uma personalidade influente, mas o valor de definição identitária alcançado só se mantém às custas de uma laboriosa projeção, que visa justificar como e por que o mundo o escolheu para ser seu líder, de outra forma ele acabaria por se dar conta de que está imitando o mundo, ou pior, de que aquilo que ele diz ser é apenas o mundo mesmo, do jeito que realmente é.

Fonte de onde promana a realidade paralela, funciona a identidade como uma espécie de real, gerando representações em que, é óbvio, inexistem descompassos visíveis com o desejo, uma vez que foi este mesmo que transbordou criativamente sobre o mundo. Em compensação pela perda deste terreno costumeiro, o descompasso entre real e desejo, a suspeita recebe outra melhor coutada para sua caça. As emanações incessantes de realidade a partir do sujeito têm de ser examinadas para que se provem objetivas, e tal instigação é verdadeiramente infinita. A suspeita inquire os restos anteriores ao mergulho, para testar sua falsidade, ou pelo menos sua inferioridade em face às neoformações. A distinção entre identidade e realidade é neles cuidadosamente avaliada, com o cuidado extremo de quem perquire os arredores à cata do inimigo que carrega às costas. E, conquanto o resultado do exame seja sempre o de reabilitar o novo núcleo identitário delirante, de prová-lo correto, este exame não pode cessar, novas provas têm de ser aduzidas para provar o já provado e comprovado. Até mesmo o paciente maníaco, com sua extravagante exaltação, recomeça a cada novo dia a fastidiosa demonstração da superioridade de sua capacidade mental sobre a condição de mediania que antes o igualava aos outros homens.

Ora, é tamanha e tão gritante atividade o que substitui a antes sigilosa crença. O que se dava antes na intimidade da superfície representacional passa a manifestar-se escandalosamente no delírio. A crença suspeitosa defende um paradoxo, a coexistência de duas faces, realidade e identidade, do mesmo lado da superfície aparencial, mas o faz também paradoxalmente, atribuindo à identidade o caráter inamovível de objeto concreto, empiricamente demonstrável, enquanto perquire a realidade a fim de demonstrar seu caráter de construção subjetiva, sua identidade intencional e maligna, porque descompassada do desejo. Numa palavra, retorna ao momento originário da crença, à partição de real e desejo que a instituiu na espessura da membrana representacional, para tirar daí sua força e peremptoriedade. É uma reinvenção da crença ao contrário, o que a suspeita delirante produz.

A fim de fixar melhor estas idéias, talvez seja oportuno figurá-los num exemplo fictício e simplificado, uma espécie de protótipo do encaminhamento delirante que se possa fundar no princípio de sorte/azar. Apesar de não ser mais que uma história inventada *ad hoc*, seus contornos gerais não precisam ser inverossímeis e quiçá se apliquem aproximadamente a inúmeros casos verdadeiros de formações delirantes.

Inicialmente, nosso suposto paciente poderia ser um desses homens esforçados, que perdem sempre a ocasião propícia para realizar seus objetivos. Terá, quem sabe, deixado escapar a namorada querida, certamente por inabilidade ou desencontro, mas responsabilizando por isso sua má sorte. Casou-se depois, mas não foi feliz. Separou-se, e hoje vive sozinho, com pequenas aventuras amorosas casuais. Talvez seja mesmo um pouco supersticioso, nada demais que dê na vista. Tem-se mostrado, porém, cada vez mais taciturno e ensimesmado. No trabalho, é correto, entretanto nada oportunista, até pelo contrário ele se esquivou de uma ou duas chances de melhorar de vida, temendo arriscar "o certo pelo incerto", como justifica.

Aos poucos, vai-se tornando esquisito. Fala muito do esforço imenso que sempre teve de fazer, das injustiças sofridas mercê de sua monumental falta de sorte e da inveja alheia. Fica mais e mais supersticioso, freqüenta algum tipo de adivinho, um jogador de búzios, um leitor do I-Ching, ou qualquer outra variante da moda. Mas nisto destoa um pouco, pois aos quarenta e dois anos, tem de misturar-se com uma clientela bem mais jovem. Aposta nos jogos comuns, lotos e tais, sempre dando predileção às previsões numéricas. Porém, e isto chama a atenção até dos amigos, não admite que no reino das conquistas amorosas tenha qualquer tipo de sorte ou azar, "nisto sou homem inteiro, nunca tive queixas".

Até aqui, temos um tipo comum de solteirão. Provavelmente, seu pensamento já denota uma especial inclinação pelo constituinte exemplificado; não o saberemos, pois ele, claro está, não se submete a terapias. A regra de sorte/azar, de início dispersa como sistema geral de vida, fazia com que todos os acontecimentos o tivessem por eixo, ao mesmo tempo em que o isentava de responsabilidade pelos fracassos. As insatisfações da vida, tornando-se incômodas, o tempo passando e chegando a idade, acentuou-se o recurso quase exclusivo a tal lenitivo. Contudo, o cerco que este mesmo expediente lhe deitava, passou a tornar-se sufocante. Duas medidas acautelatórias vimo-lo tomar: a primeira, entrar para um ramo especializado de ação, superstição, jogo e adivinhação, em que seu tema tornava-se apropriado, limitando assim a generalidade de ação da regra; depois, isolou cuidadosamente um setor, a atividade sexual, onde nem sequer a menor casualidade admitia. Com isso, pensando iludir a regra da sorte, estava justamente a seu serviço, pois, com efeito, essencial a ela é a inexistência de "sorte", no sentido de aleatoriedade ou circunstancialidade.

O estado seguinte, cuja lenta gestação terá durado vários meses, foi marcado pela suspeita de interferência exterior. Parece-lhe que o ônibus insiste em ter passado quando chega ao ponto, mas isso ele atribui à parada que dá no jornaleiro. Seus intestinos não mais funcionam regularmente; com certeza, o novo dono do pequeno restaurante onde janta às terças e quintas usa produtos de segunda. Acumulam-se as exceções, competentemente explicadas sem levar em conta o azar; atitude defensiva já um tanto grave, diga-se de passagem. Um colega o perturba, porém é japonês — e ele nunca se deu bem com orientais. Seu trabalho não rende, são as preocupações pecuniárias. Por fim, um episódio demolidor: saindo com a amiga de sempre, já de quase um ano, experimenta o duro vexame de reconhecer-se impotente. Ela não reclama, bem ao contrário procura fazer-lhe ver que tais coisas acontecem. Mas, contra essa benevolente banalidade, seu orgulho revolta-se: não acontecem comigo, é este maldito barulho de ônibus na rua. Ela se cala, ele não a procura mais. Faz mais uma tentativa com outra moça, colega de serviço, com

ANDAIMES DO REAL: PSICANÁLISE DA CRENÇA

resultado igual, a não ser pela impaciência irritada da parceira diante da improvável explicação. Encontra-se com uma prostituta, e nada. Semanas depois é internado em surto delirante. Supõe que os ruídos da rua e, agora, os do hospital cortam seu pensamento, impedindo-o de completar qualquer idéia. Ele é um homem rico, cercado de mulheres fascinantes, a quem deve resistir. No entanto, a causa verdadeira de seus infortúnios, da interrupção de pensamento, da insônia, da crônica prisão de ventre, reside na comida ruim do hospital e numa certa conjunção de números, qualquer coisa com os algarismos 2, 3 e 5, que jamais conseguiu explicar devidamente — pelo menos antes de sofrer impregnação com um neuroléptico e de o surto remitir.

Depois da internação, "nunca mais foi o mesmo", comentam os amigos, "logo o X. que era tão alegre, tão pacato e tolerante, acabar assim, seco, esquivo, sozinho". Afinal, perdeu o emprego, e hoje já não se sabe mais dele, dizem que se matou.

Esta é uma história banal; mas quantas maravilhas, quantas fúrias e sonhos não esconde! Podemos imaginá-los. Quando o círculo de atribuições de influência se fechou, houve um acréscimo de explicações circunstanciais, creditando ao reino das exceções o que o paciente sabia (e não sabia) ter geração unificada. Atrasa-se para pegar o ônibus, o serviço já não lhe interessa; apresenta um distúrbio retentivo intestinal como forma de protesto contra a dispersão de sua potência de ação; desleixa a economia e o trabalho, explicando um pelo outro; por fim, no insucesso sexual, sua impotência diante dos fatos se revela, e a explicação já é bizarra, pois foi atacado não apenas no orgulho viril, o que já seria grave, porém, mais grave ainda, na área de decisão independente que preservara do sistema sorte/ azar. No delírio, o centro identitário renasce poderoso, rico, requisitado, mas superior e intangível. E a realidade é que se torna mal-humorada e mesquinha. O sistema sorte/azar emana explicitamente de seu interior sob a forma de riqueza — os médicos do hospital jamais ficaram sabendo que ele lhes distribuía sorte e punia com azar atendentes e cozinheiros. A impotência geral diante do azar, depois impotência sexual, transformou-se em impotência de pensar, voltou às origens, presidida pelo sistema numerológico com que se identificou — mas que logo teve de projetar na realidade, vertente de realidade que era. Quanto à real qualidade de comida do hospital e ao suicídio, só há boatos.

Optei por esboçar um delírio de causalidade paralela que, oportunamente, foi cortado por neurolépticos. Senão, haveria de compor um pequeno estudo clínico, muito mais que o exemplo necessário. Outros tipos de delírio poderiam ser argüidos para exemplificar o setor da trama de constituintes que escolhi. Serviria um vulgar delírio de referência — pela força referencial do sistema sorte/azar, que sempre em tais quadros deve ser cogitado —; uma obsessão de dilucidamento também se prestaria, com o mundo transformando-se em enigma e o sujeito, em detetive; um delírio de desconhecimento e impotência psíquica não calharia mal; por fim, uma compulsão psicótica, com procedimentos mágicos e rituais, seria até demasiado óbvia. Ficando num protótipo menos derramado, mais comum, espero ter prestado ao leitor melhor serviço, porque é preciso intuir o esquema e saber aplicá-lo onde justamente ele não é tão evidente.

3

Nosso banal exemplo de psicose delirante, esquemático e singelo como nenhum caso real o poderia ser, sugere, não obstante, um desenvolvimento necessário. O estrato comprometido no delírio, a rede sorte/azar, imprimiu três marcas indeléveis no paciente X, a saber: um sentido geral de contaminação progressiva do mundo pela regência da sorte, que termina por cercá-lo e confiná-lo; a drenagem de toda potência autônoma pela malha da causalidade paralela, que o esgota; uma obsessão de causalidade que, depois de vagamente atribuída às exceções, coagula-se num sistema divinatório ainda tateante. Essas propriedades da malha do pensar, manifestadas freqüentemente em delírio, acusam o próprio *corpo do pensamento*, desnudam-no em parte. Consoante a essa vocação corpórea, interferem outras dimensões corporais. Impotência e prisão de ventre vinculam-se à fisiologia, esta apontando as vísceras, aquela a relação com o parceiro sexual. Mas o corpo social é afetado também: emprego, relação com os colegas, raça, transporte urbano etc. Por seu lado, o corpo psíquico altera-se pelo fenômeno de interrupção da cadeia do pensar.

Essa demonstração para o lado do corpo não significa uma estratégia diversionista da frente de batalha delirante, mas um dos seus aspectos essenciais e constantes, bem como uma derivação direta do comprometimento da malha de sustentação. Porque essa malha é corpo — do pensar quotidiano — e vem do corpo, do corpo concreto, de cuja organicidade procede como autêntico preposto funcional. Para o reconhecer, basta que não nos ceguemos pela ilusão anatômica: nosso corpo é muito mais do que a representação descritiva que dele fornecem os tratados médicos. Com efeito, mesmo sem recorrer à extensa e percuciente investigação fenomenológica, é evidente que o corpo que interessa à psicanálise dos delírios engloba as funções viscerais e somáticas, percepção e pulsões, mas que se estende igualmente para além da fisiologia pura. Seus contornos alongam-se em direção à sociedade a que pertence; amor, trabalho, companheirismo, transporte, diversão, alimentação etc. não se resumem a uma socialização secundária do corpo, são antes e a rigor o *corpo da socialização*. Família e sociedade são o corpo concreto do homem, na medida em que dispõem de interioridade, que sentem e pensam, que agem de moto próprio, e não duplicam o corpo físico, mas constituem-no de forma irredutível a qualquer cirurgia reducionista. De maneira semelhante, o corpo estende-se também para o interior do psiquismo e, de novo, não ao modo de simples duplicação representacional. Há as pulsões, com certeza, porém a invasão do espírito pelo corpo não pára aí; as funções psíquicas, como memória, associação, percepção, regulagem do fluxo ideativo, intensidade afetiva etc., formam o corpo processual da mente e imbricam-se irremovivelmente na totalidade do corpo concreto que, afinal de contas, é um só.

Para a crença, como já tivemos oportunidade de o intuir anteriormente, o corpo põe problemas consideráveis. Corpo é identidade e realidade. Tem toda a espessura e solidez de objeto real e, nem por isso, renuncia à interioridade desejante, reflexiva, ou ativa. E então? Via de regra, na regra da normalidade, a crença contorna o problema airosamente; na ordem da produção concreta, onde o corpo está empenhado ativamente, o contágio é admitido e não faz falta uma representação que o contenha, tais condições "quentes" da vida humana dispensam largamente a crença; quanto à superfície representacional, já sabemos, o corpo é o grande dispensador de crença: por efeito de sua obliteração, a crença vem no lugar da corporeidade negada. É a suspeita, porém, que sai a sua procura. A neutralização representacional do corpo é disputada pela suspeita, que deseja perscrutar o corpo final do amor, da traição, da perseguição. No delírio, a crença suspeitosa, percorrendo um dos estratos do pensar comum, encontra nele o preposto desejado, investe o pensamento de certa espessura objetal e as coisas de uma geral corporeidade desejante. Ela crê, suspeitosamente, na representabilidade do corpo, como paradigma de toda a representação digna de manter-se; debruça-se sobre a interioridade intencional dos objetos, constrói seu mundo animado, perquire a espessura processual das formas anímicas, exorcisma-lhes as funções. Se a crença nasce da supressão das diferentes formas do corpo, a suspeita interessa-se por demonstrá-las, descobri-las e determinar seu grau de influência.

O resultado primeiro e verdadeiramente grave de tal empenho pode ser formulado assim: a crença delirante é crença corporal. Isto significa que ela não assegura a extensão da superfície da aparência, nem a interligação horizontal que a razão comum opera nessa superfície, senão que a considera como um sintoma do processo gerador. Mas não, é claro, do processo gerador global do funcionamento psíquico, inacessível; só daquele que provém do estrato de constituintes escolhido pelo delírio. O título de identidade e o de realidade têm de fazer constar uma filiação demonstrável a um dos temas fundamentais, como o sistema sorte/azar, ou outro congênere dominante.

Pela intermediação da malha, o corpo reaparece adoecido. De fato, só certa ordem geradora, muito parcial e factícia, a crença suspeitosa admite como demonstração de verdade corporal. Ocorre, por conseqüência, uma introspecção desusada, que é o segundo resultado da ressurreição patológica do corpo na representação: as funções mentais se fazem notar. Talvez, na vida psíquica não delirante, a memória, enquanto função, seja um tanto notória, por força de seus tropeços ocasionais. No delírio, todavia, a introspecção forçada indaga a intensidade dos sentimentos, a geração associativa de idéias, a memória, a fidedignidade da função perceptiva, o fluxo do pensar etc. etc. (Nosso suposto paciente parece ter-se centrado neste último.) O corpo físico excele-se em notoriedade: o homem volta a ter fígado, coração, pulmões, músculos, nervos; cada qual ressurgindo com forma e peso, funções e disfunções notadas e integradas como fundamento da credibilidade representacional, segundo a linha de constituinte escolhida. Por último, o corpo social é também interrogado, segundo os mesmos princípios. Todo delírio, nesse sentido, é uma hipocondria extensa.

Suponhamos que nosso paciente tivesse relatado o seguinte sonho — na verdade, como alguns detalhes do caso, transplantado de material clínico autêntico. "Havia bruma, eu estava à beira d'água, imagino que num cais ou *pier*. Uma canoa se afastava, os remos muito visíveis levantando-se em V e recaíam n'água. Ia jogar-me para alcançá-la, tinha de embarcar de qualquer jeito; na hora, porém, tive dúvidas se sabia nadar, ou se a alcançaria, ela foi sumindo e não me conseguia mover". O sonho teria ocorrido no período imediatamente anterior ao surto, após os insucessos sexuais. Ele fala de atração e de perigo, o tantalizante movimento dos remos parece querer mimetizar as pernas convidativas de uma mulher na cama. Lançar-se em seu encalço equivale, como parece natural, propor-se a um contato sexual. Há a expressão "jogar-se", como a indicar a aposta que todo homem faz em sua potência, quando se propõe ao ato de amor. Aqui, no entanto, o valor da aposta é a própria vida, e o paciente queda-se imobilizado e deixa que se vá o barco do desejo.

Na atração e na aposta é fácil reconhecer elementos do sistema sorte/azar. A intolerância desse magno sistema causal à indeterminação, ao mesmo tempo em que afirma a universalidade do espírito de jogo, é característica; assim como também o é a vinculação estreita que promove entre âmbitos diferentes da vida: sexualidade, sobrevivência, sanidade mental, capacidade de pensar. O tema do ônibus perdido, das oportunidades perdidas, está por igual aí vinculado. Seria preciso continuar tentando, porém, como já o decretou o fado, o sinal de azar recaiu fatalmente sobre o sexo, que passa a ser vigiado atentamente, perdendo o resto da naturalidade. O mesmo pensamento que, com atenção concentrada, examina e volta a examinar a tumescência do pênis, de manhã à noite, encontra-se cortado, castrado, suspenso e depois *imobilizado* no transcorrer do delírio: o destino do órgão sexual transplantou-se para seu vigia. A hipótese numerológica tenta dar conta dos efeitos da autoscopia que o paciente pratica com relação ao processo de pensar e que o interrompe antes de qualquer conclusão — não há como formar um pensamento inteiro, quando temos de controlar cada um de seus passos, bem como, diga-se de passagem, em condição semelhante o ato sexual também nunca se concluirá. O órgão do pensamento adquiriu indevida densidade, o exame tolhe a eficácia das suas funções. O sujeito interferente, imagem da consciência autoscópica projetada sobre a realidade, é a própria suspeita em ação. O azar foi longe demais.

Ver para crer é um dito absurdo. Vendo nunca se chega a crer, constata-se no máximo — e uma constatação, assim como uma verdade bem provada pela observação, nunca poderá gozar do asseguramento que a crença empresta àquelas representações em que, precisamente, foi suprimido um elo da cadeia de conhecimento, o ver, por exemplo. Porém, se a crença vacila, a instigação da suspeita para ver é sem limites. No delírio, o corpo se quer ver inteiro, por fora e por dentro, em movimento e parado, mesmo as funções celulares são "vistas" ou "sentidas" nalguns casos. O corpo social sofre minucioso exame da crença suspeitosa, seus mecanismos põem-se a descoberto, no que tange ao menos à linha selecionada dentre a rede do pensar. Como já ficou dito antes, a suspeita encontra seu reflexo no fundo do objeto perscrutado: verificando perseguição, por exemplo, constata um observador atento olhando-o de fora, na realidade social, que é seu reflexo projetivo. Os órgãos do convívio social, túmidos e dolorosos como um corpo doente, revelam sua pior face: a família interesseira, a inveja dos iguais ou dos inferiores, o desprezo que votam as instituições e seus donos, a mecânica repetitiva do trabalho, todos os males saltam cruamente aos olhos e se deixam tematizar pelo enredo delirante.

E, como na hipocondria, os órgãos da mente preocupam, doem, depauperam-se, somem. Sua adquirida densidade, contaminada de características da realidade, destaca-se e passa à dimensão objetiva. Revela-se a dependência efetiva do psiquismo com o exterior — esta sempre existe, sem dúvida — contudo com feições caricatas, outorgando a certos poderes externos, reflexo destacado de funções intrapsíquicas, o direito de influir decisivamente em processos mentais. Um eletrencefalógrafo, para certa paciente, provoca à distância a rememoração constante de um amor frustrado. O número par de toques de um campanário sentencia ser mentiroso o que outro paciente pensou ou disse, mas o número ímpar confirma sua verdade. Para certa paciente esquizofrênica, a regulagem da intensidade emocional, mesmo a existência ou não de emoções, é ainda determinadas pelo ex-terapeuta, que reteve parte de sua personalidade. Demais, os efeitos da autoscopia na dissecção de funções psíquicas chegam à precisão de reconhecer — realmente e sem sombra de dúvidas — momentos funcionais despercebidos em nossa vida quotidiana, que nem os textos de psicologia conseguem discriminar com a mesma precisão. A tal respeito, sugiro ao leitor que se dirija às famosas "Memórias de um Doente dos Nervos" do Presidente Schreber[19], onde inúmeros componentes do pensar aparecem dissecados sob o mais meticuloso dos escalpelos psicológicos.

---

19. Daniel Paul Schreber, *Memórias de um Doente dos Nervos*, tradução e introdução de Marilene Carone, Ed. Paz e Terra, 1995.

Além das três dimensões corporais mencionadas — psíquica, fisiológica e social —, há uma quarta extensão, que faz o corpo alongar-se tempo afora. Meu corpo é sua história passada e futuro previsível. Na crença modal, a representação do tempo assegura-se pelo reforço de sua uniformidade, com a supressão de aberrações e turbulências do sentido temporal. Estas, em condições normais, dizem respeito às "zonas quentes", de contágio, que não demandam a função da crença; ou remetem-se, na identidade já afetada de suspeita, à zona das exceções. Já a autoscopia temporal delirante, apreende alguns dos mecanismos identificatórios estudados no segundo capítulo, porém emprestando ao tempo feitio orgânico e transformando o sentido temporal em intenção autônoma. Revisita-se o passado, a história pessoal exibe tramas e ciladas, efeitos transtemporais são chamados de contínuo para justificar perturbações de identidade, a projeção do futuro, às vezes de um futuro megalômano, passa a ser uma prática comum. Como os outros setores da corporeidade, o tempo delirante é tematizado pela crença suspeitosa que, destarte, traduz a perda de sua indiferença modal, superespecializa-se no asseguramento de modalidades privilegiadas. Tal como um corpo doente é o tempo do delírio: há setores mais sensíveis, funções temporais distorcidas, abolição ou súbitos incrementos. Como nas outras dimensões, nesta também cabe falar de uma hipocondria temporal promovida pela suspeita.

4

Chegamos agora à questão crucial deste ensaio: por que é inabalável a crença delirante? Essa pergunta foi objeto de uma preparação cuidadosa. Primeiro foi necessário submeter o método psicanalítico a uma delicada operação que converteu a noção de inconsciente em instrumento heurístico, o inconsciente relativo ou *campo*, dentro do sistema campo/relação, em *Andaimes do Real: O Método da Psicanálise*. Munidos dessa ferramenta, pusemo-nos a investigar a constituição do real quotidiano, em *Andaimes do Real: Psicanálise do Quotidiano*, furando poços de sondagem, a fim de recuperar amostras da trama subjacente ao pensar comum. Por fim, o sentido geral da crença foi examinado meticulosamente. Vários objetivos têm sido perseguidos, através deste longo trajeto. Todavia, nunca esteve fora de nossa mira, ao caminhar pelas brenhas da construção do real, o lugar onde está plantada esta questão: por que é inabalável a crença delirante? Expectativa tão bem alimentada é de recear que se choque contra o muro de uma lamentável desilusão. Pois a crença delirante não é inabalável! Abalam-na, desde os simples medicamentos neurolépticos, até mudanças de ambiente, desde uma conversa inteligente, até canhestras interpretações. Inabalável é a crença modal; não consta que droga alguma nem a melhor das interpretações, ou o argumento berkeliano mais sutil, tenham removido consistentemente, uma vez sequer na história, a crença individual no assento das cadeiras que se exprime no sentar. Para que periclitasse a crença modal, haveriam de alterar-se antes as próprias funções cuja representação é assegurada, vacilar alucinatoriamente a percepção, a espontaneidade do pensamento ceder a um automatismo mental ou um cataclismo social desestruturar os fundamentos da cultura — condições que, em tese, apenas problematizam a crença por um efeito exógeno. Todavia, a crença delirante problematiza-se a si mesma, formula questões respondidas sempre afirmativamente, repete o ato de proibição de dúvidas, mas, acima disso, perquire a trama subjacente ao pensar. A crença suspeitosa é, isto sim, ativa e específica: assegura um modo da representação em especial, seu estrato predileto, através de uma ação de pensar que possui a forma da crença. Estática e inespecífica, portanto inabalável, é a crença modal; a crença delirante consiste num movimento específico que a mimetiza, como veremos.

O equívoco que nos faz inverter esses valores, maravilhando o espírito desavisado com o espetáculo da irredutibilidade de uma idéia louca, fazendo ver uma solidez imóvel naquilo que é periclitante movimento, pode em parte ser desculpado, pois que o induzem duas das maiores forças do universo humano, a saber, pela ordem de poder: a tolice e a sabedoria. A crença, como o sábio, possui a força de se não manifestar; despercebida, ignoramos onde opera sua eficácia. A suspeita é ruidosa, em si mesma fraca, mas, como o tolo, afeta sabedoria e arrasta a multidão impressionada. Daí a comparação vulgar que toma, por medida da crença, o que não é senão passageira fé. Nosso erro, portanto, está em comparar o objeto da crença delirante a crendices ou opiniões, como discos voadores, macrobiótica ou confiança no partido do governo. Estas se aparentam ao delírio por seus temas, isto é, apenas por uma exterioridade contingente. E, como é natural, perdem na força de convicção, quando sustentadas pela ingênua loucura do homem comum, que não é um especialista na matéria. Comparemos antes o delírio à crença perceptual ou à crença no nome próprio, para uma medição de forças mais justa: apesar de factício e parcial, o delírio filia-se às categorias de identidade e realidade, não é mero passatempo opiniático.

Não obstante, há na crença delirante uma força inegável, tanto mais contundente por não se reger por um absoluto. Sua raiz reside em duas propriedades essenciais: corporeidade e forma-suspeita. Ao fim e ao cabo, o item anterior ensinou-nos algo sobre o corpo. Corpo é o lugar onde mesmo a mais minúscula das realidades possui um interior equivalente ao mundo subjetivo inteiro. Tal como a hóstia consagrada: cada partícula é, no abismo da interioridade mística, corpo, sangue e divindade, hipostasiados na substância visível. Quando concluímos que, no delírio, a crença suspeitosa é crença corporal, não estávamos diante de uma banalidade, mas de uma extravagância. A representação da identidade, em condições normais, não requer um setor especializado. É bem verdade que certos sinais, das memórias infantis aos títulos acadêmicos e, destes, ao projeto de um epitáfio simpático, formam o conjunto identificador a que o sujeito apela quando em dúvida. Contudo, toda a superfície da realidade é, no verso, representação identitária: sou o outro lado do mundo. Da manutenção de alguns desenhos da realidade depende minha segurança, são as representações axiais; o resto pode alterar-se sem graves repercussões; porém, o conjunto inteiro traz inscrito, do outro lado, minha identidade. Sob o domínio da suspeita, essa geometria ordeira começa a ceder, o reino das exceções — aquilo que não tem gravado no verso minha identidade, que me parece ser neutro ou alheio — acumula-se, depois desaba, e a crença não tem o que assegurar. Ora, o corpo não se presta a ser representado; na representação morre sua interioridade hiante, e a desrepresentação da hipostasia é, como já o notamos, fonte natural da crença. É a suspeita que procura um corpo em cada representação e a crença suspeitosa do delirante o encontra.

Vem daí sua força misteriosa. Aderindo a um estrato da trama do pensar, representante da corporeidade, como vimos, a crença suspeitosa também se corporifica. Consiste sua ação em assegurar que cada representação privilegiada esconde uma interioridade animada e ativa que, em comunhão estreita com as demais representações do sistema delirante, constrói continuamente o exterior aparente, reedifica-o após cada choque dubitativo. Por definição, mistério é a suspeita de haver uma interioridade eficiente em certas coisas onde não era prevista. A crença suspeitosa, imitando o mistagogo, inicia o sujeito no princípio esotérico essencial: cada aparência é sustentada de dentro para fora, da intimidade para a manifestação, e o acordo geral da superfície representada é decorrência da comunhão profunda de uma ação uníssona misteriosa. Não importando quão indiferente seja uma representação, esta é assegurada independentemente na superfície por uma ação profunda, corporal, que a crença suspeitosa formula como a hipótese de que exista sempre outra razão mais íntima que todas aquelas comumente apreensíveis. Mistagogia radical, a crença delirante postula a inesgotabilidade do interior da representação, do qual se pode unicamente afirmar que o último fundamento é só aquele que esconde o fundamento verdadeiro.

Na espessura da superfície aparencial, a crença suspeitosa encontrou um corpo e com ele se identificou. Mas toda crença diz respeito à representação e, na lei do corpo, intimidade ativa, a representação do motivo último de uma ação é simplesmente o ponto de onde melhor se contempla o ocultamento de sua verdadeira origem. Daí decorrem os princípios mistagógicos do delírio: em cada representação uma intimidade e todas as intimidades unidas num limite inacessível, de que a verdade exterior é apenas sintoma. Por fim, como resultado mais ou menos secundário, a crença corporificada evoca a representação das funções corporais, e abusa delas como garantia necessária e paradoxal da superfície da aparência. Resumidamente: a crença em forma-suspeita parece inabalável, primeiramente, porque postula a existência de uma espécie de *corpo por trás de cada representação*, um sentido orgânico e profundo que simplesmente não pode ser atingido ou negado por argumentos de superfície — o que a leva a sobreexigir a representação de funções corporais comuns, sexuais, digestivas etc., tornando-as representantes da interioridade das coisas do mundo.

A segunda fonte da força aparente da crença em forma-suspeita é complemento inequívoco da anterior. Já que a crença delirante faz corpo com um setor escolhido da trama de sustentação do pensar comum, sua ação é coextensiva ao pensamento inteiro, não àquela representação sustentada. Trata-se de uma *ação de pensar através da crença*, com forma de crença, e não de um pensamento que produz certa representação, a qual é ao mesmo tempo assegurada pela função da crença, caso do pensar comum.

O pensamento que funciona com tal regime não visa à produção ou à exploração de conjunções possíveis, não pretende realmente saber a razão de algo ser como é, nem cria novos objetos; ele apenas busca a solidez da representação delirante. Dois sinais estéticos dessa maneira de operar são a obsessão com a *completitude simétrica das idéias*, que leva o paciente a permanentemente cuidar de opostos, negações e complementos, e a obsessão de *coerência longitudinal*, que o obriga a repassar sem descanso a série inteira de seus próprios argumentos. Em síntese: produzir é igual a assegurar, quando o pensamento é suspeita em movimento. Pensar por meio da crença significa também que a lógica comum adelgaça-se até se converter em lógica de comprovação — como se um cientista, realmente fiel a seus rigores metodológicos, estivesse dirigindo o pensamento delirante. No delírio, pensar é argumentar.

A crença suspeitosa do delirante concentra, portanto, enorme força de asseguramento. Não tanto pelo conjunto meticuloso de seus argumentos, os quais estão sempre em tela de juízo, porém pela capacidade de assimilar toda e qualquer dúvida levantada como parte do próprio processo de suspeição universal. Com todo o rigor, poderia replicar um delirante a seu médico que é logicamente contraditório suspeitar da veracidade de uma suspeita de falsidade... Demais, a perquirição em forma-suspeita constitui o reflexo da profundidade corporal da representação: ela pergunta pelas razões íntimas que movem as coisas, como se cada qual fosse um ser intencional. O segundo motivo de parecer inabalável a crença em forma-suspeita aparenta-se, portanto, ao primeiro, mas é ainda mais curioso: é que o pensamento sustentado pela crença suspeitosa não é um verdadeiro pensar, nem visa a criar representações do mundo ou do sujeito; é simplesmente uma ação de crença invertida, que muito naturalmente reaproveita qualquer dúvida que se lhe anteponha para produzir mais suspeita.

Por fim, esse inesgotável processo movido contra o pensamento, que é o delírio, envolve ao mesmo tempo um gasto energético considerável e lida muito proximamente com a ameaça de revelação da lógica de concepção. Esses dois problemas acham-se interligados. Como o delírio decorre de uma imersão canhestra no estrato de geração das idéias e sentimentos, ele já está profundamente contaminado por seus processos. Entretanto, delírio é representação, e representação alguma pode permitir que o estrato gerador esteja completamente representado em sua superfície. Assim, a solução que o delírio procura é a delimitação da zona infiltrada. Ora, tal delimitação é de interesse também do resto da superfície representacional remanescente. Com isso, a atividade delirante pode dar-se ao luxo de retirar livremente energia de toda a atividade psíquica, ameaçando-a, de maneira muito próxima à da crença, com uma revelação catastrófica — somente que, enquanto a crença está apenas blefando com esse tipo de ameaça, a crença em forma-suspeita a faz muito seriamente, pois bastaria que sua atividade cessasse de concentrar no tema delirante o absurdo que se manifestou, para que o conjunto de representações do sujeito se visse inviabilizado.

Pequenos testes mostram o quanto é deletéria a queda de uma das representações delirantes axiais: nas reacomodações espontâneas do sistema delirante, ou na seqüência do tratamento analítico, surtos de estado confusional acompanham quase obrigatoriamente a liberação da lógica produtiva. O predomínio de defesas obsessivas, nos intervalos remissivos de certas psicoses delirantes, atesta da mesma forma o risco de despersonalização e desrealização, no cuidado com que as identificações patológicas são protegidas e congeladas. Ou seja: a representação delirante é assegurada pela ameaça de liberar seus fundamentos lógicos e seu dispêndio energético corre por conta do interesse geral do psiquismo, pois a lógica de concepção infiltrada é gasta continuamente na alimentação da própria suspeita. A suspeita delirante é um ato de crença realizado com instrumentos lógicos do processo primário e, de modo geral, com a lógica de concepção. Por isso, ela sustenta, não a aparência da representação, mas a interioridade que a produz, transformada em representação visceral do pensamento, num setor tematicamente limitado. Cessasse de suspeitar, e o delirante já não poderia sequer representar.

5

Em que crê a crença absurda? Em realidade e identidade. Dizê-la absurda importa talvez num exagero. Se temos em mente a função defensiva de toda representação, toda forma de crença não é mais do que uma espécie de sobre-repressão do contágio, uma providência cautelar em defesa da aparência, filiada à ordem da rotina. Além disso, a crença modal, já de si, funda-se no absurdo, pois defende em cada representação a possibilidade geral de representar e se vale, para reforçar a superfície, da desrepresentação da lógica de concepção e da corporeidade. Dentro desse âmbito psicológico que tanto aproxima o normal do patológico, a crença delirante, ao manifestar o oculto, apenas exagera, e mesmo assim em parte, quando inverte completamente a proposta anterior: agora é a crença o modo privilegiado do pensar, o corpo é tema, a lógica de concepção infiltra a razão. O blefe foi pago e houve que mostrar seus trunfos.

Antes, a identidade assegurada era o simples avesso da representação de realidade, uma dimensão identitária embutida em cada representação de realidade. A nova identidade delirante é reduzidíssima, artificial, extrema e sobretudo invertida, acha-se embrenhada no real, enquanto corpo, representa-se como um si mesmo que é sustentador ativo da realidade, em maior ou menor extensão. Sendo um núcleo real, não mais uma virtualidade da representação, a dimensão identitária do delirante coagula-se seletivamente em torno do tema escolhido; com isso, passa a ser possível a existência de mais de um núcleo alternativo, de identidades potenciais relativamente autônomas que, em certos quadros psicóticos, exercem alternadamente o controle da personalidade. Tal aberração é bem mais freqüente do que se pensa; a visão ingênua somente se dá conta desse fenômeno em casos extremos, quando o sujeito reivindica nomes e seleciona conjuntos alternativos de memórias ou de sinais identificatórios; no entanto, sempre que um paciente intui a distinção entre ator e personagem em sua história[20], ocorrência nada rara, devemos supor alternância de núcleos identificatórios essenciais.

Que identidade é essa, de tão contraditórias propriedades? Ou, por outra, que representações são asseguradas no delírio? Os temas identificatórios variam de acordo com os temas delirantes; porém, um denominador comum pode fornecer-nos a ambígua relação entre representação de identidade e corpo delirante. Creio não ser uma generalização indevida afirmar que todo delírio tematiza a crença corporificada. Disso provém a grandiloqüência dos temas do delírio: de um esforço no sentido de captar e representar as conexões entre reinos diversos da vida humana. Passagens de nível que o corpo gerencia naturalmente, porém com uma naturalidade irrepresentável.

Nascimento, vida e morte, essa seqüência natural por excelência compõe-se de categorias radicalmente heterogêneas. A geração,

---

20. Uma paciente psicótica, referindo-se a certo momento de sua evolução clínica, comenta candidamente: *"Ora, doutor. Como o senhor quer que eu me lembre, se nem vi... Naquela novela eu era cega!"*

figurada pelo nascimento e continuada pela infância mais precoce, pertence decididamente à ordem mítica — é sempre um mito de origem, como qualquer outra cosmogonia. Já a vida é apenas o substrato da existência concreta, que serve de referência para qualquer juízo a respeito da existência: é um instrumento de cálculo axiológico — como quando nos referimos ao valor da vida —, um instrumento de cálculo temporal — sua duração —, e é o substrato da unidade individual e de sua finitude. A morte, por fim, não passa de uma hipótese ontológica indemonstrável, cada vez que a ela nos referimos como a algo mais que o termo da existência ou às condições físicas e psicológicas que o acompanham: a Morte é uma figura lendária. A conexão desses três momentos corporais parece dominar inúmeros delírios, enquanto na vida comum tudo isso é cuidadosamente posto de lado, a maior parte do tempo.

Sob tal emblema maior, a conexão entre nascimento, vida e morte, outras conexões fundamentais do corpo entram na esfera temática do delírio. O vínculo entre ato e sentimento propõe o mistério da intimidade afetiva, tendo por paradigma o drama da culpa e do remorso patológico; a relação entre fato e memória problematiza o sentido do tempo; os delírios persecutórios tematizam a discrepância entre a aparência do convívio e as intenções verdadeiras dos outros; a passagem do pensar à atividade concreta, que o corpo intermedeia sem atrito, transforma-se e potencializa-se, vira um milagre terrível: simples intenções do sujeito chegam a mover as molas do universo. Em cada um desses casos, e em muitos outros, são passagens naturais entre ordens diferentes da experiência que dominam a imaginação delirante: aquilo que se produz sem dificuldades no nível corporal, transforma-se num elaborado sistema de explicações quando o corpo cede lugar à crença, à crença em forma-suspeita. Esse esforço hercúleo do sistema representacional justifica-se quando levamos em consideração que, em cada passagem entre ordens distintas de fenômenos, há uma denúncia de contágio: se é a representação que tem de dar conta de tal trânsito, tudo se passa como se ela tivesse de reinventar o corpo a todo momento — da idéia de mover o cinzeiro à minha frente, ao fato de que ele se moveu, ou há de permeio meu corpo, olhos e mão, ou devo construir alguma arrevesada explicação telecinética. Essa eficiência em promover efeitos no mundo é o núcleo absurdo da identidade delirante: a identidade, no delírio, é a conexão eficiente entre disparidades.

A identidade delirante não cobre o total da identidade do delirante. À semelhança da identidade extrema por preconceito, sua parcialidade em relação ao todo identitário exige uma defesa acirrada e agressiva; porém, à diferença do preconceituoso, o delirante encarna sua idéia de forma muito mais essencial: o mecanismo de preconceito, no delírio, é a própria ação que cria a nova identidade. De fato, o preconceito é intrinsecamente um pensamento que conecta disparidades. Ele parte de diferenças — raciais, ideológicas etc. — e delas deriva conclusões de comportamento que não lhes são pertinentes, sobretudo por não residirem em seu nível. Este princípio assemelha-se à ação corporal — a causa está num reino e o efeito noutro. Para o observador externo, fica a impressão de deduções enlouquecidas, porquanto ele supõe que o paciente organiza a matéria de sua crença com base em indícios e pistas externas, quando, na verdade, apenas está dando representação aos mistérios da ação recíproca entre reino da identidade e reino da realidade. Uma jovem psicótica vê estenderem-se, em torno da casa, os fios da companhia telefônica. Imediatamente pensa: "Querem me eletrocutar, e por ordem de meu tio." Ela devia ao tio uma pequena soma, que já tentara em vão pagar. Como dedução, convenhamos, esta que acusa o tio não vale grande coisa. No entanto, a identidade devedora e perseguida da cliente estava a expandir-se, como por comunicação telefônica, indo para todos os lados por caminhos invisíveis. Não é então completamente fora de propósito que os fios do telefone se tenham convertido em perigo mortal — entre o eu vítima e o eu algoz a comunicação só pode ser fatal.

O perigo mais grave que ameaça o equivalente delirante da identidade por preconceito não é então, como se poderia imaginar, a variedade infinda da circunstância real, que desmente qualquer sistema de pensamento monolítico, mas os restos da identidade anterior. Da variedade o preconceito desembaraça-se sem grandes incômodos, alegando sua pouca relevância, ou a submete por meio de identificações projetivas, convertendo a realidade em identidade dócil a seus ditames. Todavia, o essencial é garantir-se contra inimigos internos ao sistema. O mecanismo do preconceito filia-se ao da *relação de base* — aquela que pretende cobrir inteiramente o campo que a sustenta, dar conta dele e, o que é demais, representá-lo. No preconceito não-psicótico ou pré-psicótico, tal ajuste resulta tanto de uma restrição da identidade e de uma restrição do mundo externo. Agora esse expediente já não mais é de qualquer valia, posto que a identidade corporificada funciona como campo ordenador; é preciso reduzir a ele a superfície identitária restante, processo longo e sofrido de domesticação, que constitui o delírio em si. No entretempo, o caráter delirante delimita a fronteira do si mesmo. Aquilo que se lhe não coaduna, os restos da identidade não-psicótica, converte-se, de seu ponto de vista, em realidade intrometida na superfície identitária, atribuída a uma influência real alheia. Sentimentos, memórias e ações sofrem tal destino, são intrusos que delineiam os contornos de um inimigo presente no mundo externo.

Por outro lado, a pretensão de superponibilidade entre campo e relação, que define a relação de base, cumpre-se quase perfeitamente no delírio, sem trazer, contudo, conseqüências satisfatórias. A identidade, vemos, confunde-se com o campo da crença delirante. Parece um arranjo perfeito, à prova de refutação, e o é, no sentido em que toda representação identitária legítima, procedendo deste campo, coaduna-se a ele sem emendas. O todo, a noção de identidade global do sujeito do delírio — ou, o que no caso é o mesmo, seu caráter — cobre inteiramente o campo produtor. O delírio é pois uma espécie de meio-dia da alma, não há zonas de sombra, todas as relações são exaustivamente representadas e suas inter-relações, meditadas e discutidas. Não o esqueçamos: a identidade por crença delirante é corpo, ou seja, campo quase representável, embora sempre a um infinitésimo de distância de mostrar sua interioridade pura. Realiza-se o ideal do caráter. Se o sujeito delirante é desejo e suas propriedades funcionais são personalidade, o caráter vem a se compor sem máculas sobre tal constituição. O paciente delirante pode oscilar grandemente de um para outro núcleo de identidade, mas cada qual é inteiriço, não comporta as contradições do indivíduo normal — o delirante é sempre igual a si mesmo.

Deste casamento perfeito entre o campo e todas as relações, decorre outro aspecto da robustez que ostenta a crença delirante. Não importa com que razões excelentes lhe seja proposta uma sugestão alternativa de identidade, ainda que com a peremptoriedade da interpretação psicanalítica. Esta não consegue passar pelo teste crucial da identidade, que, no delirante ou no sujeito normal, consiste em demonstrar sua proveniência do desejo. Simplesmente não há nada na representação corporal da crença senão seu corpo; a presunção do analista em expor um fato novo, como pertencente à identidade do analisando delirante, assemelha-se demais à sugestão de uma

ANDAIMES DO REAL: PSICANÁLISE DA CRENÇA

terceira mão ou a de que o chapéu faça parte da cabeça para que ele a possa tomar a sério. Até aqui, perfeito. Porém, a perfeição também traz seus problemas. Em primeiro lugar, a distância infinitesimal entre campo e relação de base sempre existe. Nem a melhor descrição visual de minha mão, nem o conjunto inteiro das êxtero-percepções que a visam consegue aproximar-se do sentir-me por dentro em minha mão que levanta o copo de que vou beber. E a identidade delirante, se é bem sentida no íntimo da corporeidade, não encontra um símile perfeito na representação imaginária: está coberta de caráter até a borda, é fiel a si mesma, mas ainda é representação do corpo psíquico e físico, descolada deles. Esta é a fresta por onde escorre a suspeita da identidade. Algo não se ajusta, o delirante sabe, mas está indefeso contra a diferença entre corpo e imagem corporal. A própria perfeição do sistema, sua inelasticidade, não comporta nenhum dos mecanismos de amortecimento que são tão banais na identidade normal. Não há exceções, ou antes, não há onde as colocar; inexiste a gradação centro-periferia, onde aspectos discrepantes se podem acomodar quando necessário, já que todos os aspectos de representação são igualmente centrais; por fim, não se pode sequer pensar em evolução ou trânsito entre auto-representações, qualquer mudança levaria a uma derrocada completa da representação do sujeito psíquico — e, como corolário, a de seu mundo também.

A relação de base, essa aberração estrutural do sistema campo-relação, de que o delírio é provavelmente o melhor exemplo, ao pretender construir uma representação que esgote o próprio campo — onde se inclui, claro está, uma consciência completa do inconsciente —, provoca várias aberrações funcionais muito notórias. A primeira, já a consideramos, é sua completitude estagnada. A segunda tortura o paciente ainda mais: o descolamento milimétrico da superfície com o corpo, não sendo tolerado, projeta-se na superfície representacional sob forma de uma hipótese de imperfeição; o paciente deve submeter-se a uma introspecção obsessiva, mas sempre malograda, porque o erro que procura nos menores detalhes reside simplesmente na topologia essencial do sistema. Esta é a razão do parentesco profundo entre a neurose obsessiva e a auto-inspeção do delirante.

A terceira aberração funcional sucede quando a superfície inteira da identidade delirante desvitaliza-se, revela-se uma casca superposta ao psiquismo; é o terrível *desengano delirante*. Não podendo soldar o interstício, o paciente sente-se primeiro artificial ou postiço, depois repele a identidade adotada, substitui-a por outra revelação, que se há eventualmente de mostrar também postiça. E já que o mundo é constituído pela tendência universalizadora da identidade, este também se torna falso, a realidade converte-se em mascarada derrisória, expressamente encenada para o pôr em ridículo. Essa é a condição do delirante que perde a confiança em seu delírio.

Por fim, a quarta disfunção, tanto provém dessa milimétrica distância, como das contradições internas do desejo. No sujeito normal ou neurótico, mais neste último é claro, mecanismos defensivos podem realizar o ajuste entre os rendimentos concretos de componentes discrepantes do desejo. Não assim no delirante. Blocos inteiros do desejo são excluídos da representação identitária, já rígida e descolada, levando consigo a representação correspondente, de modo a povoar a realidade com reproduções abomináveis do sujeito, encarnações ridículas dos setores alienados do desejo. São duplos heterogêneos do paciente, mas têm a consistência do real, pois o desejo desdiferenciou-se, retornou às origens no seio do real. O combate contra essas figuras projetadas forma a maior parte do segmento persecutório que quase todo delírio manifesta.

Essa desdiferenciação leva-nos ao mais grave dos problemas enfrentados pela identidade delirante. Pese sua reivindicação extrema de subjetividade, a operação do desejo a partir do real engendra outra aberração, comparável à do preconceito, porém mais temível. Fora do contexto puro do delírio, o fenômeno que provavelmente a exemplifica melhor é aquele conhecido por *moda*. A moda, como o delírio, consiste numa relação que pretende ser campo: um modo qualquer de pensar, por exemplo, é identificado ao pensamento; logo, nenhum outro tipo de pensamento merece o nome. A moda é um desejo, mas de quê? Essencialmente, é um desejo transviado de ser. A moda tenta apoderar-se de algum aspecto da existência humana de maneira arbitrária, decretando que certa representação, e só ela, contém a essência de uma função vital. A rigor, a moda, por exigir demais de cada representação, não consegue agregá-la: ao mudar, muda completamente, é outra moda — embora sempre seja moda, sempre a mesma entidade. A moda exige correção a um figurino, seja um figurino ideológico, comportamental, de vestuário, de gosto artístico, figurino que representa provisoriamente seu corpo gerador, mas descoladamente, tal e qual a identidade delirante. E é uma forma de crença invertida: assegura uma só representação, pretensamente totalizante, mas nunca encontrável nos exemplos concretos. Sua eficácia pedagógica estriba-se na exclusão, a punição do que está de fora é a única maneira de definir os contornos do que é "*in*". Demais, seu pensamento se dá pela nossa já conhecida forma-suspeita; nunca se deixa afetar por uma razão plausível, pelo pensamento enraizado em considerações de profundidade, porque é pura crença em ação. Alça uma representação como suficiente, gasta-a ao fim de certo uso, pois seu primeiro mandamento inconsciente afirma que nenhuma representação representa a moda, todas são avatares da substituição radical. Seu sujeito não está em parte alguma, seus efetores estão em toda parte e, todavia, são intangíveis, pois não são mais que o campo de força do *desejo de ser plenamente*, quando alienado e desdiferenciado no real. "O que se é", descreve-a agudamente Musil, "ninguém, nem mesmo os comerciantes interessados na moda, conhece o segredo deste 'se'. No entanto, aquele que se revoltasse produziria inevitavelmente o efeito ligeiramente ridículo de um homem caído entre os dois pólos de uma máquina de faradização, tremendo e vacilando sem que se possa ver seu adversário"[21].

Ora, ponto por ponto, o delirante, que fabrica uma identidade pretensamente representativa de seu desejo alienado no real, reproduz a temível condição de moda, da qual ele é o figurino por um momento, mas logo após a vítima impotente, completamente "*out*". Pois todo delírio pretende ser o *Delírio*, o pensamento organizador da totalidade do ser. Vemos, por conseguinte, o delirante vestindo uma identidade no rigor da moda, ufano e arrogante, porém já suspeitoso da precariedade da conquista. Vemo-lo em seguida "tremendo e vacilando" sob a ação do campo eletrostático de seu próprio desejo realizado, transladado ao real. Vozes denunciam sua impropriedade, castigos abatem-se sobre ele por falhar na correção da moda delirante e a incerteza de estar de acordo a ela tortura-o, como encarnação abstrata da suspeita. Por fim, tal como o homem da moda, o delirante não pode pensar.

6

Tendo recorrido à moda como modelo de uma forma absurda de crença, estamos fechando o círculo das modalidades: do quotidiano e social até o individualíssimo e extraordinário, o delírio, e, de volta

---

21. Musil, R. *L'homme sans qualités*, Éditions du Seuil, 1982.

então, ao social e comum. Pois a noção comum de crença refere-se às idéias partilhadas por grupos sociais que não o nosso. Crença é, no sentido vulgar, aquilo em que acreditam as crianças, os primitivos, os homens do campo, as mulheres, se somos homens, os homens, se somos mulheres. Também, naturalmente, os que professam modas das quais não participamos, religiões em que não cremos, concepções científicas que rejeitamos.

Por isso, tivemos de seguir um caminho circular. Em *Andaimes do Real: Psicanálise do Quotidiano*, discutimos algumas das concepções que promovem o pensar quotidiano, para afastar sua aparência de naturalidade e ressaltar a estranheza que lhes é intrínseca, quando examinadas pelo ângulo de seu campo formador. Isolando a função normalizadora da crença, dentro de outras operações comuns do quotidiano, fomos levados a admitir que sua forma mais perfeita e típica cumpre-se em ações ou percepções a que dificilmente o termo poderia aplicar-se. Isso fez com que, ao chegarmos ao preconceito e ao delírio, que são condições psíquicas a que o termo *crença* cabe bem, já estivéssemos lidando com os limites um pouco forçados do conceito aqui estabelecido: identidade extrema e crença em forma suspeita. Agora, porém, não é razoável encerrar nossa investigação, sem uma referência final às crenças sociais, àquelas que admitem plenamente o uso comum de nosso vocábulo, pelo menos para ver a que se aparentam mais: à crença modal, robusta e recatada, ou à crença delirante, espetacular e suspeitosa.

É praticamente inexeqüível separar com precisão os diferentes temas ou "crenças" sociais. Uma religião organizada, com dogmas e culto, envolve também quase sempre algumas prescrições alimentares e certas restrições de comportamento que a aproximam dos tabus supersticiosos, por exemplo. E como nos interessa sobretudo o tipo de crença do praticante — e não os artigos de fé codificados —, a especificidade da religião dilui-se rapidamente sob nossos olhos. De qualquer modo, o crente religioso afirma taxativamente que existe uma ordem de determinação dos eventos — para os cristãos, a Providência Divina —, que lhes confere duplo sentido moral. Certos atos ganham valor positivo ou negativo, cujo balanço é registrado por Deus e orienta seu juízo a respeito de uma alma em particular; mas também o valor moral dos atos atrai boa sorte ou azar, mesmo durante esta vida, determinando assim o curso dos acontecimentos concretos. O primeiro valor moral está próximo da sorte metafísica, o segundo, da sorte eficiente.

Que garante a crença na Divina Providência? A renúncia a demonstrá-la, é óbvio. Quando um homem decide avaliar a situação do mundo, para saber se Deus existe e está vigilante, encontra, conforme os códigos de cada religião, provas nos dois sentidos opostos, nas quais os justos são premiados e os maus castigados — provavelmente na mesma medida em que o contrário ocorre. O Marquês de Sade procura mostrar que só o contrário ocorre, mas por um exagero irônico-religioso. Então é preciso interpretar os acontecimentos de forma cada vez mais sofisticada e o mal que sucede aos bons passa a ser uma *provação*, para testar sua confiança e fazê-los ainda melhores, por exemplo. No fundo, porém, é apenas quando renuncia a conhecer — como vimos acontecer com Jó, na segunda parte de *Andaimes do Real: Psicanálise do Quotidiano* —, que o espírito religioso se pode afirmar por inteiro. Deus é indemonstrável e assim o é Sua Providência. Mas, como temos observado, justamente a supressão de um elo *corporal*, no caso um elo do corpo de conhecimento, é o que garante mais resolutamente uma idéia. Logo, a crença religiosa plena estriba-se no absurdo livremente aceito: *"Credo quia absurdum"*, ecoava Santo Agostinho às palavras de Tertuliano.

Já, na vida comum, o homem comum ocupa-se mais das conexões de seu destino particular com os atos morais e com as falhas em cumprir certos ritos ou prescrições práticas. Este está quase sempre pesquisando um segundo sentido em cada acontecimento, pois não admite a transcendência absoluta do sentido religioso; como tal, vive uma espécie de estado suspeitoso de crença. A religião oferece ao homem comum uma espécie de lugar social para reunir e guardar sob controle as representações habitantes do reino das exceções; os monstros híbridos de realidade e identidade chamam-se *espíritos*, *demônios* ou *almas do outro mundo*, as coincidências e os fenômenos de inconsciente recíproco passam a ser desígnios divinos ou tentações diabólicas. Parece ser a religião, portanto, uma espécie de delírio social, que preserva até certo ponto o sujeito de desenvolver seu próprio delírio, permitindo-lhe mantê-lo em estado de preconceito moderado, cujo sinal de crença fraca é manifestado pela ocorrência de fé. Só quando perde a fé, delira o religioso.

A crença científica parece opor-se frontalmente à religiosa, quando, na verdade, é apenas um parente próximo, mas que cortou relações com ela. O homem do quotidiano acredita em coisas não vistas e não comprovadas pessoalmente se recebem a chancela de "científicas". Os movimentos dos elétrons ao longo de um fio não são passíveis de qualquer comprovação prática, a menos que se experimente seu efeito colocando os dedos numa tomada. Este caráter de inacessibilidade do fato científico é, no entanto, apenas secundário: ciência é corpo de conhecimento, logo não deveria demandar crença de espécie alguma. Mas demanda, em diversas circunstâncias. Os fatos científicos comprovados, estes não são propriamente objeto da ciência viva, mas das demonstrações das aulas de ciências. Já na zona viva, de pesquisa, o investigador é mantido por um sistema hipotético onde deposita um estado de crença e, às vezes, a fé mais intolerante. Para garantir suas representações nessa área, existe até mesmo um ritual de comprovação — semelhante aos rituais religiosos —, que consiste em seqüências de operações codificadas de prova e contraprova, experimento duplo-cego, refutabilidade teórica etc. Não nos precisamos alongar aqui, pois este sistema de limitação da suspeita à dúvida e, desta, à certeza, já foi estudado antes sob o nome de *rito de convicção* — nome emprestado à emoção característica, a convicção, que assinala a verdade presumível de um fato suposto. Qual a suspeita que deve ser controlada, no caso do cientista? A de que esteja falseando seus resultados para preservar sua fé, o chamado *erro humano*. Disso suspeitam os colegas, mas ele mesmo também, se for honesto.

Na outra ponta da cadeia, o homem comum tem da ciência principalmente a idéia de inacessibilidade. O elétron invisível que eletrocuta, ou o colesterol que o faz enfartar são seus paradigmas evidentes. Para o homem do quotidiano, ciência é precisamente aquilo que produz as maravilhas incompreensíveis que antes eram atribuídas a Deus; para comprovar-se o acerto desta máxima, basta considerar como os artigos de divulgação mais eficazes jogam com a capacidade da ciência em fazer mais pelos homens que as religiões, sinal evidente de que se estão valendo da mesma força da fé religiosa, somente mudando seu repositório atual. É tão forte esta identificação e tão explorada pelos meios de comunicação de massa, que a compreensibilidade de um fenômeno praticamente o retira da esfera científica do quotidiano; científico é o mesmo que mágico, e os cientistas ou especialistas seus magos, que queremos ver falhar, mas que, esperamos, sempre acertem. A previsão longínqua de um eclipse solar e a imprevisibilidade do tempo de amanhã funcionam irmanadas, e uma garante a outra. Em suma, a ciência, enquanto domínio de crença, é objeto de uma fé suspeitosa, muito parecida à da religião, que outorga garantia às representações de uma certa forma: não importa tanto se é um remédio eficaz ou um extrato de flores perfeitamente inócuo; desde que seu meio de ação seja irrepresentável e incompreensível para o homem comum, este põe fé nos efeitos propalados. Embora as ciências objetivem explicitamente as regras do mundo — físicas, sociais, psicológicas —, bastante ironicamente, a crença científica procura nelas encontrar apenas as infrações e o incompreensível, elevando-as à condição de continente preferencial do reino das exceções de nossa época.

Religião e ciência parecem desempenhar portanto, funções essencialmente semelhantes no imaginário popular, sendo sustentadas suas representações comuns de forma também parecida. Já as *crenças políticas*, para chamá-las de alguma maneira, não se incumbem do estranho e inusual, mas, ao contrário, exprimem as idéias dominantes e as justificam sistematicamente. Na classe média brasileira, por exemplo, é corrente hoje um certo juízo sobre si mesma e, com mais virulência, sobre os trabalhadores e proletários em geral, que ao mesmo tempo declara a própria inferioridade, condena-a, justifica-a e considera-a insuperável. O brasileiro imagina-se cultural e racialmente inferior ao resto do mundo civilizado, ignorante, preguiçoso e desonesto. Essas qualidades decorrem, dentro da teoria média de certos grupos sociais, de causas curiosas, como, por exemplo, da vida boa que se leva entre nós, da ausência de invernos rigorosos, que não permitiriam sobreviverem os ociosos, ou à falta de guerras, que ensinariam hábitos de poupança e moderação. Outra idéia parecida é a de que deveríamos desmantelar nossas próprias organizações públicas — o Estado, como se diz —, porque ele está infalivelmente contaminado pela corrupção, corrupção evidentemente promovida pela assim chamada *iniciativa privada* — por quem mais? Esta última, entretanto, principalmente se operada por capital e gerenciamento estrangeiros, tem direito a qualquer forma de ganhos extraordinários, porque trabalha para isso. Sem tentar analisar as contradições evidentes dessas idéias comuns, basta-nos constatar que a única atitude proibida por elas é a de competir e eventualmente vencer, nalgum setor da guerra econômica mundial.

As representações dessa classe organizam-se em amplos sistemas ideológicos e são asseguradas por sua própria repetição. Ponto por ponto, encontramos aqui o mesmo mecanismo do preconceito individual há pouco examinado. São preconceitos sociais, que definem muito estritamente a identidade de grandes grupos da população; a identidade por preconceito social restringe-se também de maneira extrema e está cercada por um reino de exceções mal toleradas. A loucura que advém aos sistemas de pensamento social difere um tanto de seu equivalente individual, mas é observável que certos grupos podem, por exemplo, chegar a comportamentos similares ao suicídio. Este que acabamos de descrever, o da classe média brasileira, é um deles. Quando a experiência de uma coletividade qualquer não é reconhecida por ela mesma como sendo um fundamento ético válido para a humanidade enquanto tal, esta se considera indigna de sobrevivência, ou pelo menos de sobreviver em termos de igualdade com as demais. Sua identidade, que já foi convertida imaginariamente em realidade fatal, fica marcada como valor negativo, e os participantes não investem nela seu talento, seu trabalho e suas vidas. É claro que, sendo assim, acaba por se provar empiricamente a inferioridade de qualquer grupo que, por uma razão ou outra, se considera ilegítimo ou inferior.

De maneira geral, portanto, as *crenças sociais* visam a tornar o mundo e a identidade social perfeitamente visíveis e explicáveis. Para situá-las com maior precisão, é interessante recordar o conceito de *moralidade*, discutido longamente em *Andaimes do Real: Psicanálise do Quotidiano*[22]. Quando o desejo separa-se do real, a interface que entre os dois se cria transforma-se numa zona de representabilidade. O real se vê com o olho do homem, noutras palavras. A realidade não é, todavia, uma representação completa do real, permeiam-na regiões de penumbra ou de mistério. Uma superexigência de representabilidade ocorre com a continuação do processo de criação de realidade, ou familiarização; levada a seu estado último, a familiarização almeja construir um sistema global das coisas, em que tudo esteja figurado e cujas regras possam organizar e explicar todo e qualquer evento. Uma igreja, uma escola ou um quartel são exemplos de familiarização extrema, mas a própria família comum também o é, pelo menos em certa medida. Nesses lugares, a posição do real foi negada, e todo comportamento, seja de pessoas, seja até das coisas da natureza, explica-se completamente por uma lógica moral — daí, que denominemos este estado de *moralidade*.

Ora, o delírio individual nada mais é que um intento de criação de um estado universal de moralidade, gerido por uma só pessoa. A moralidade, essa sim, tem precedência: o delirante imita-a, imitando o sistema familial, por exemplo; porém, a inspiração e o modelo vêm,

---

22. No capítulo 5, "A moral no país das fadas", de sua segunda parte.

como não poderia deixar de ser, de fontes sociais. No delírio individual, a identidade realizada é infundida no mundo externo, este passa a ser concebido como extensão de uma subjetividade moralizadora, que quer ver, em qualquer fato, a conseqüência de uma idéia ou intenção. Contudo, não podemos esquecer que os temas sociais já operavam segundo o mesmo princípio: para o pensamento ideológico, religioso ou cientificista, existe uma engrenagem universal, sempre em movimento, que vincula cada efeito a uma causa cognoscível e, mais, imediatamente visível. Assim sendo, nossa pergunta fica respondida. Há representações sociais sustentadas por uma crença de tipo modal, evidentemente; porém, aquelas a que se pode chamar, com certa propriedade, *crenças sociais*, seguindo o uso comum da expressão, não apenas são análogas à crença delirante, como de fato são seu modelo inspirador: o delirante apenas as aplica por conta própria, mas não as cria como quer.

Conclusão
Sobre a Clínica da Crença

1

Ao encarar sua dimensão clínica, é importante ter em mente, antes de tudo, que a crença não é um distúrbio para o qual se precise buscar uma cura analítica. É uma função normal do psiquismo e, sem ela, o sujeito teria diante de si um desfile irrelevante de representações fugidias, sem poder aproveitar qualquer uma delas. Nem a crença modal constitui, portanto, um distúrbio psíquico, nem mesmo os estados de crença e a fé o são: esses diferentes modos de asseguramento das representações, embora de eficiência muito desigual, podem ser perfeitamente adequados para os fins próprios de representações diversas. Crença, estado de crença e fé sustentam representações que, em si mesmas, são-lhes indiferentes, apenas contando a forma pela qual acionam a função de que estamos tratando em graus mais ou menos notórios; para o analista, a qualidade e o valor de cada representação constituem o problema central, não para a função da crença. Fé, estado de crença e crença modal, mesmo quando se valham de propriedades um tanto aberrantes do sistema campo-relação, são ainda processos normais da vida anímica, que não seria sensato tentar superar e muito menos erradicar. Não assim a suspeita. A suspeita já é uma condição patológica; entretanto, muitas vezes simplesmente não há como tratá-la: a crença em forma-suspeita é um dos limites da indicação de análise.

O verdadeiro problema clínico da crença, não é, portanto, um projeto de eliminação, mas o fato de que todo o trabalho interpretativo, visando desestabilizar o sistema de representações que limita a liberdade psíquica do paciente, por meio de rupturas de campo, desafia constantemente a função da crença. O analista opera geralmente em sentido contrário ao da crença, problematizando as representações; entretanto, depende essencialmente dela para obter qualquer resultado duradouro, pois as novas representações têm de ser sustentadas, ao menos pelo tempo mínimo indispensável para que o analisando as tome plenamente em consideração. Esta aliada/inimiga constitui provavelmente, por isso, a pedra de toque e o problema técnico mais complexo do tratamento psicanalítico.

Para aquilatar a dimensão do problema técnico posto pela função da crença, é suficiente comparar o trabalho analítico propriamente dito, com aquele que se desenvolve na maioria das psicoterapias. Ao interpretar, os terapeutas médios, e mesmo muitos analistas, fornecem a seus pacientes uma espécie de tradução que já contém, em seu bojo, a sugestão de uma nova forma de ver algum aspecto da realidade ou de compreender a si mesmos. Para substituir a representação que era mantida pela crença, é oferecida uma outra, que o terapeuta supõe ter efeitos menos deletérios, baseado em suas convicções pessoais, em considerações teóricas ou simplesmente na experiência quotidiana. À crença é, por conseguinte, oferecida uma barganha: cedendo a representação sustentada, ela pode de imediato aderir a outra; o que faz mais ou menos de bom grado, uma vez que a nova imagem situa-se no mesmo campo que a anterior. Mal comparando, é como se disséssemos a alguém que o caminho para chegar a certo lugar não implica, como pensa, virar à direita, e sim virar à esquerda.

Já o analista, para usar os termos precários desta comparação, estará obrigado a confessar a seu paciente que, mesmo nos casos em que há um lugar aonde chegar, faltam diretrizes acerca do caminho a ser trilhado, e que as alternativas excludentes, como direita e esquerda, são simples ilusões posicionais. Só que mesmo essa notícia indigesta não deve ser levada assim à mesa, em termos positivos. Nossa interpretação consiste essencialmente em conduzir a representação a uma crise, por meio de pequenos toques emocionais que transtornam o campo das referências do paciente, sem propor nova representação para seu lugar. Isso evita que a crença possa abdicar de uma figura para aderir a outra, não há oportunidade de indecisão ou dúvida nem, é claro, o consolo de uma certeza imediata. Ao contrário, quando se rompe um campo, as representações do sujeito e de seu mundo, determinadas por ele, permanecem em disponibilidade. Não são eliminadas nem desmentidas as concepções de vida do paciente, e o analista seria o primeiro a concordar com o fato de que continua a ser utilizável a imagem anterior à ruptura de campo; apenas ela não possui mais o poder de representar uma verdade excludente de outras, não mais encerra identidade e realidade numa camisa-de-força emocional.

O fenômeno psicanalítico de ruptura de campo produz um estado provisório de não-representabilidade no sujeito. Ao invés de substituir uma forma de ver por outra, melhor reputada, a interpretação cria um vácuo representacional que atrai grande quantidade de representações, antes afastadas daquele centro, que era ocupado pela imagem que acabou de perder sua função obliteradora. Essas idéias periféricas provêm, pelo menos em pequena escala, do reino das exceções, discutido ainda há pouco. Sob este aspecto, a diferença entre a queda de uma representação durante o processo analítico e a perda identitária que acompanha a eclosão de uma psicose é principalmente quantitativa: a desarticulação psicótica do sistema realidade-identidade aspira a periferia inteira das exceções de uma personalidade, enquanto uma interpretação tem como alvo um setor bem mais restrito. Porém, o vórtice causado pela interpretação psicanalítica de forma rigorosa é análogo ao desmoronamento de um sistema de identidade por preconceito.

As representações que acorrem ao vórtice provocado por uma ruptura de campo são estranhas, freqüentemente híbridas de identidade e realidade, marcadas por um forte sentido de não-eu, embora inegavelmente minhas. Nenhuma delas parece satisfazer as condições mínimas de admissão à consciência, pois não representam em verdade o sujeito — uma vez que só há sujeito psíquico num campo dado. É claro que esta situação é passageira, ninguém a toleraria indefinidamente, e logo encontramos nova forma de ver, que já se funda noutro campo. Então talvez acreditemos haver descoberto o "sentido real" das palavras do analista: ele nos estava sugerindo que pensássemos assim, nisto aqui que só agora percebemos. De fato, não estava; mas isso importa pouco, pois o trabalho interpretativo há de continuar, já em novo campo, o qual compreende justamente este pretenso sentido final entre suas relações que se atribui à acuidade do analista.

Do ponto de vista da crença, a pseudodescoberta de um sentido imediato da interpretação acarreta alívio considerável, pois já existe algo a ser sustentado. O estado de vórtice, este sim, é insustentável pela crença, mas é também o momento psicanalítico mais fértil e promissor, porque as representações híbridas que conjura, possibilitam reconhecer a amplitude potencial de um setor da personalidade. O analisando que acreditava estar em guerra contra o colega brilhante, mas tirânico, que domina seu departamento, e descobre, de golpe, que a desordem hierárquica à qual este tentava pôr freio habita seu mundo privado, sendo ele mesmo tão ditatorial quanto o inimigo, pode pensar de imediato que o sentido da descoberta analítica é meramente o de fazê-lo mais tolerante daqui para frente. Porém, na verdade, beneficia-se principalmente da possibilidade de contemplar, fugidiamente, a grande quantidade de figuras boschianas que ameaçam sua hierarquia anímica, cada qual composta hibridamente tanto por elementos tirados de algum dos demais colegas oprimidos e rebeldes, quanto por elementos da própria personalidade. Não há uma clara moral a tirar da experiência: nem a ordem tirânica nem a confusão estão sendo defendidas pelo analista, que talvez as considere dois lados da mesma moeda. No entanto, o convívio passageiro com personagens imaginários que exibem o processo de construção de uma concepção de vida pode ampliar o repertório psíquico do paciente, bem como reduzir sua certeza acerca do mundo e de si próprio. Como resultado da repetição desse tipo de processo de ruptura, nasce um sentido de possíveis, mais aberto e menos limitante; mas, por outro lado, resta igualmente uma sensação geral de desconfiança com respeito às representações axiais que o norteiam, desconfiança que pode levar a limitados episódios de suspeita.

O equilíbrio é extremamente delicado. A fé no sentido positivo e aparente das interpretações — trata-se de fé, não de crença modal — contrabalança em parte a suspeita que, no caso do processo analítico, pede que se demonstre a identidade verdadeira do sujeito, a realidade final de sua psique, como se houvesse alguma. Por conseguinte, o trabalho requerido para pôr termo à ilusão de haver uma verdade interpretada, equivalente à revelação religiosa, é difícil, longo e nada isento de riscos. Se o tentamos apressar, podemos levar o analisando, de uma incipiente e limitada experiência de suspeita, à construção de uma identidade por crença em forma-suspeita, parecida, embora menos grave, àquela que caracteriza os quadros delirantes. É por isso que o analista não pode sugerir sentidos positivos nem deve esfregar positivamente nos olhos do paciente o fato de que nunca o faz. A ilusão de que as interpretações emitem uma verdade concreta, como todas as ilusões que colaboram na construção da aparência quotidiana, só pode ser enfrentada por novas rupturas de campo: uma vez decidido a trilhar estritamente este caminho, não há como dele se afastar sem riscos. O risco maior, evidentemente, não é o de desencadear uma psicose incurável — fato extremamente raro —, mas o de induzir, paradoxalmente, o analisando a desenvolver uma fé cega no analista e em suas teorias; no caso, equivalente à construção das verdades artificiais do delírio. O paciente adquire a convicção de não ser capaz de compreender o analista, mas de que este o compreende perfeitamente, apenas expressando-se de maneira oracular e obscura.

Certo grau de crença na interpretação é, contudo, inteiramente legítimo e útil. Com efeito, o que esperamos ao trabalhar com rupturas de campo, é que o analisando desenvolva uma espécie de crença modal, muito particular, na possibilidade mesma de substituição de representações. Mas esta só pode iniciar-se com uma moderada ilusão de que as interpretações captam o verdadeiro sentido oculto de suas palavras. Como já disse, este é um problema técnico complicado. Já que não existe um sentido verdadeiro oculto nas palavras de ninguém, senão um autêntico baile de sentidos emocionais possíveis, é claro que uma ilusão está em jogo. Porém, esta mesma ilusão só terá conseqüências graves se a tradução oferecida afastar-se em demasia do conjunto de possíveis — numa palavra, se for sistematicamente errada —, ou se afirmar sempre a mesma coisa, o mesmo tipo de teoria psicológica ou de ideologia. Caso contrário, como em qualquer processo de descoberta, as ilusões provisórias conduzirão apenas a um sentido geral de crença no processo de descobrimento analítico, não no analista nem numa de suas idéias.

2

A consecução desse objetivo oferece consideráveis percalços. Examinemos primeiramente os mais gerais, que incidem sobre todas as análises, para depois discutirmos brevemente certas características diferenciais dos tipos básicos de patologia psíquica, sob o ângulo da clínica da crença.

Se dependemos da crença para que esta mantenha a representação das possibilidades, mas não nos podemos esquivar de a ferir continuamente em seu objetivo básico de manter toda e qualquer representação — como proceder? Vimos antes que o desejo só se constrói por uma condição média de satisfação, que o obriga a reestruturar-se incessantemente para tentar suprimir o descompasso com o real. Algo parecido pode aplicar-se à clínica da crença. A primeira forma de utilizar nosso princípio do consomê, para ficarmos nessa enunciação levemente caricata, é cuidar de que as sentenças que veiculam cada passo de uma interpretação obedeçam à ordem mesma da representação emocional do paciente e não à gramática teórica do analista. Não se trata apenas de empregar os termos com que o analisando designa seus estados psíquicos, o que é de todo modo imprescindível, mas de organizar em forma aberta os enunciados interpretativos, de maneira a possibilitar que o sujeito os preencha de significação precisa. Estamos de início empenhados em transmitir uma conjunção estrutural, não os conteúdos que a preencherão em cada caso. Isso dá condições a que a crença sustente todas as representações intermediárias de uma interpretação singular — que, como sabemos, pode exigir inúmeras sessões para ser formulada completamente e com eficácia —, porque cada uma delas é realmente autóctone, nasce do psiquismo do paciente, fertilizado pelo contato analítico. Assim, a crença sustentará cada momento da interpretação e não terá como evitar que o conjunto, cujas partes assegurou, produza seu efeito de ruptura de campo.

A segunda forma geral de contornar a resistência da crença ao trabalho interpretativo consiste numa adequada administração do tempo. A função da crença está indissoluvelmente vinculada à dimensão temporal, na análise ou fora dela. Sua missão é manter, por um tempo variável, porém suficiente, cada representação psíquica. No processo analítico bem conduzido, o analista procura reter sob os olhos de seu paciente certas idéias, imagens e emoções, por um tempo a mais do que sucede no quotidiano. Este tempo analítico, mais demorado e algo repetitivo, visa fazer com que representações contraditórias do sujeito se encontrem à luz da mesma consciência, contrariando a tendência habitual de mudar rapidamente de campo quando ocorrem paradoxos ameaçadores. Com essa parte da função analítica, pode a crença colaborar, um tanto enganada, é certo, pois ela cumpre por si função equivalente. O que o analista propõe-lhe é apenas uma extensão de sua finalidade básica, não contrariá-la. E a consideração mais demorada de uma representação, quando cotejada a outras representações que a problematizam, surte o efeito de ruptura de campo, com grande eficácia. O emprego sábio desse tempo estranho e algo misterioso que constitui o ritmo de uma análise é um refinado instrumento terapêutico, que nós só alcançamos aprimorar, dedicando-lhe... tempo.

3

Em termos muito gerais, o trabalho analítico da crença está limitado por duas balizas. Se ela não é abalada, a representação patógena tampouco o é. Se, por outro lado, a crença é diretamente provocada, seu modo especial de reação — que, como sabemos, consiste em ameaçar o sistema psíquico com uma crise experimental de absoluta insegurança em qualquer forma de representação, inclusive nas mais corriqueiras ou normais —, desaloja de imediato o analista de sua posição de facilitador de rupturas de campo. Paciente algum admite que sua análise o conduza ao que lhe parece ser um estado de loucura, e, caso o permita, devemos seriamente perguntar-nos se a própria relação analítica não está afetada de uma crença patológica. Assim, nosso espaço de manobra é efetivamente muito estreito: é forçoso desestabilizar certas representações por dever de ofício, contudo temos de possuir suficiente cautela para não o fazer maciça nem intempestivamente.

Dois critérios podem ser úteis para nortear nosso trabalho interpretativo. O primeiro é uma compreensão cuidadosa da posição estratégica que guarda cada representação importante com respeito às demais, qual sua função precisa dentro da economia psíquica do paciente e, por fim, como tal representação opera dentro do campo transferencial, como posiciona analista e analisando. Este é o papel desempenhado pelo diagnóstico interpretativo transferencial que acompanha necessariamente a operação de ruptura de campo. O segundo critério é mais técnico, no sentido de operacional. Consiste em permitir que o paciente mesmo realize parte do trabalho interpretativo, em não antecipar a impugnação de um certo conjunto de representações, mesmo quando isso nos pareça ser o provável resultado do caminho que se vem tomando. O fato de o próprio analisando tomar sua análise nas mãos, preenchendo de sentido mais preciso nossas interferências e elaborando por conta própria parte de suas lógicas conclusões, não apenas garante-nos até certo ponto contra nossos próprios preconceitos — que nos podem fazer ver, a partir de premissas corretas, conclusões que apenas se aplicariam a nós mesmos —, quanto ameniza extremamente o risco de levar a crença a intervir aniquiladoramente, provocando desrealizações ou despersonalizações. É que, nesse caso, tanto a ruptura do campo, quanto os embriões de novas representações substitutivas, guardam certo parentesco interno com o conjunto identitário do paciente, são coisa de casa, por assim dizer, estão marcados por um mínimo de familiaridade — se não a ruptura em si mesma, pelo menos as produções híbridas que ela evoca.

Naturalmente, a situação será muito diversa de paciente para paciente e de análise para análise. Tomando como critério a divisão clássica das patologias psiquiátricas, em neurose, perversão e psicose, apreciemos brevemente algumas diferenças fundamentais[23].

O neurótico tende com freqüência a um tipo de crença em forma de suspeita. Exige a crença que identidade e realidade sejam solidárias (como duas mãos postas, por exemplo), mas aceita que não são superponíveis. A suspeita, por seu lado, exige a superposição de realidade e identidade para satisfazer-se. Isto é, para ser justo e preciso, ela suspeita de que a identidade não se pode superpor à realidade, que não é uma parte do mundo, mas não se conforma com o fato, antes procura demonstrar o contrário. Qualquer representação identitária, sobretudo aquelas mais centrais em cada neurose, pode ser objeto de um cuidadoso escrutínio pela suspeita, que deseja provar sua veracidade e facticidade acima de qualquer dúvida razoável. Os ciúmes histéricos e as representações obsessivas são dois exemplos desse processo infernal, como tratado acima, no item 2 do segundo capítulo. O ciumento tenta assegurar-se do amor de seu parceiro exigindo deste demonstração cabal de fidelidade. É preciso que ele não se encontre com outro homem ou mulher, que não pense em outro, que não possa pensar em outro. No fundo, o ciumento não pede muito, só pede o impossível: ele quer garantias reais acerca da identidade amorosa alheia que, como toda identidade, não é demais repetir, pode ser qualquer coisa menos real.

---

23. Em *Clínica Psicanalítica: A Arte da Interpretação*, antecipei esta discussão no capítulo 8, "Desejo, representação e a clínica da crença".

Assim, o amante neuroticamente enciumado vai construindo um sistema de pensamento abrangente que visa capturar o desejo do ser amado, mas, que tem o efeito de evocar constantemente o repertório inteiro das traições possíveis. No limite, já que provas da identidade amorosa a realidade não pode oferecer, resta-lhe tristemente tentar provar a infidelidade a qualquer preço, pois mesmo a morte do amor parece-lhe menos dolorosa que a agonia da dúvida.

De maneira análoga, o obsessivo tenta provar a realidade de uma representação. Se fecha três vezes a porta ao ir dormir, não será por melhor trancá-la, mas porque aspira a ter uma representação realmente sólida, material, de sua recusa a ser invadido por sentimentos sexuais — derivados de fonte anal, como ensina a Psicanálise —, quando precisamente, e com boa razão, duvida de si mesmo com respeito a isso... Seu conhecimento negado das fontes da própria sexualidade transforma-se em suspeita quanto aos meios de prevenir-se contra um retorno indesejável — embora inequivocamente desejado — a partir da realidade. O drama está em que, materializando a representação psíquica de um impulso na porta, necessita em seguida assegurar-se da representação psíquica da própria porta: uma porta fecha-se sem problemas, mas a memória suspeitosa de a ter fechado, como encerrá-la — fechando a porta outra vez? Vem daí a tendência à contaminação sucessiva das representações, regime em que cada um dos meios de defender-se de uma idéia ou sentimento representa igualmente o próprio impulso neles encarnado.

Em ambos os casos, nos ciúmes histéricos como nas representações obsidentes, o cerne do problema consiste em exigir que a identidade seja também realidade; todavia, se isso fosse possível, simplesmente não haveria lugar para a função da crença, que é a de harmonizar o embate dos dois reinos. A crença em forma-suspeita das neuroses possui certa vocação suicida, uma vez que reflete, na superfície representacional, a operação dos sistemas defensivos que facultam a passagem de uma representação censurada através de disfarces, falsas senhas, transformações no contrário, figurações simbólicas etc. É o testemunho pré-consciente da contradição constante entre consciência e inconsciente que se vai espalhando do núcleo temático central da neurose, até cobrir áreas muito extensas da vida psíquica, contaminando-a e paralisando-a por fim. A forma-suspeita é como um diminuto pedido absurdo que se repete e se lamenta infinitamente no seu fio de voz: se pelo menos o eu fosse materialmente real, como as portas e as cadeiras, não precisaria crer nem duvidar.

O analista pode tornar-se com facilidade prisioneiro da crença/suspeita no tratamento de uma neurose, pois necessariamente se oferece como lugar e objeto para estes jogos contraditórios da representação, a fim de dar voz ao desejo subjacente. Em especial, com relação à suspeita, o mais importante cuidado é não tentar resolvê-la, sob o risco de comprometer a própria sanidade, para não mencionar o trabalho analítico. Não bastam os avanços e recuos interpretativos que qualquer tema exige, o analista deve flutuar sobre a suspeita, permitindo-lhe manifestar-se, enquanto tenta tomar o conjunto dos sentidos da suspeita — não seu disputado objeto, o amor do parceiro ou a negação de um impulso — como alvo de interpretação. Objetos de suspeita podem multiplicar-se infindavelmente e sempre equivalentes, a menos que a ruptura do campo da suspeita conduza-nos do dilema insolúvel que ela propõe à manifestação do desejo que a impulsiona. Para tanto, o sistema bifacial identidade/realidade há que ser cuidadosamente considerado em cada ponto das representações do analisando, sua relação complexa deslindada sempre que possível, pois são os processos de conexão entre as duas áreas que estão comprometidos nos diferentes mecanismos de defesa neuróticos. Ora, flutuar sobre a suspeita e tomá-la como objeto de consideração exige bastante da própria função de crença do analista; exige no mínimo que este se permita manter suas interpretações abertas, não as querendo afirmar como realidades, nem as recolher como mero ponto de vista (de uma identidade pessoal, a do analista), senão conservá-las no correto estatuto de possibilidades objetivas para o desejo do analisando. O que não é realmente fácil, sobretudo porque a lógica neurótica antagoniza os possíveis, intima-os a que se declarem falsos ou corretos, apelando para os próprios vestígios de crença em forma-suspeita que certamente também habitam o analista.

A função da crença também apresenta características patognomônicas na perversão. Diferentemente do neurótico, o perverso não suspeita, ele sabe. Sua forma dominante de crença consiste numa prodigiosa restrição do campo das representações eficazes. Realidade e identidade concentram-se quase que exclusivamente em torno do tema perverso; encolhem primeiro, no sentido de desconhecerem para efeitos de definição do eu e do mundo quase todos os aspectos não-perversos; depois coagulam-se num núcleo central, onde o problema de ser ou não ser assim deve repetir-se *ad nauseam*. O destino da periferia, ou seja, de todo o resto da identidade e da realidade, é refletir o núcleo perverso e tornar-se uma espécie de miragem ou sombra que apenas vale quando mimetiza a questão central; caso contrário, não é distorcida a superfície da representação, mas é desacreditada, descredenciada de suas funções. Tão semelhante é esse processo com o que se observa no sujeito preconceituoso (em certa medida um perverso do saber do mundo), que à perversão podemos atribuir uma crença em forma de preconceito. O preconceito e a perversão não se caracterizam tanto pelo desvio, quanto pela versão restritiva do real e do desejo, pela especialização. A homossexualidade só constitui perversão quando o sujeito vive sempre sexualmente, no modo de autocontemplação, toda e qualquer classe de fatos da vida, assim como o preconceito, somente se caracteriza se o indivíduo preconceituoso explica o mundo através dele. Sob a óptica da versão restritiva do real, cabe até falar numa perversão heterossexual, com iguais características, ou seja, o mundo como área de conquista amorosa e a vida como um coito extenso. O *voyeur*, o fetichista, o exibicionista, mas também os psicopatas têm sua relação com o mundo e consigo próprios tão marcada por sua forma de ser característica que cada relação é uma réplica do modo central, é um fac-símile da perversão fora do assunto perverso; quando não, caem elas no limbo da descrença. Nas adições severas, o mundo inteiro droga-se ou não se droga, este é praticamente seu único problema.

A forma-preconceito propõe à clínica desafios especiais e de improvável solução. Numa palavra, a interpretação escorrega pelas faces polidas do núcleo perverso central. Não que o paciente se negue a problematizar, discutir, interpretar seu problema. Provavelmente não falará de outra coisa. Porém, a interpretação que fornece alternativas de satisfação média para o desejo desliza constantemente para uma zona vagamente desacreditada, por ameaçar de maneira frontal as representações axiais sustentadas pela crença. É mais ou menos como se alguém insistisse em chamar um conhecido por nomes cada vez diferentes, ignorando seu próprio nome; ele talvez não se zangasse, mas terminaria aborrecido, por perguntar com quantas pessoas o outro pensa estar falando — a quantos mundos e sujeitos improváveis refere-se o analista de uma perversão, ignorando o único verdadeiramente importante, do ponto de vista do cliente? Apenas o centro da perversão representa a identidade, o resto é uma borda de exceções que se vai acumulando, sempre desacreditada e descredenciada pela forma-preconceito da crença. O processo de ruptura de campo pode então ocorrer, porém com efeitos catastróficos, que devem ser encarados com cuidado e avaliados com reservas, durante o trabalho analítico. Ele se dá quando as bordas do "reino das exceções da identidade", que são nesses casos quase todo o sujeito (menos o núcleo perverso), desmoronam sobre o núcleo central, e este perde toda credibilidade identitária, acabando por ser projetado sobre a realidade. Isto é, tanto de mim não é verdade, é improvável ou desimportante, que, de golpe, minha identidade, guardada no núcleo perverso, torna-se realmente problemática e passo a suspeitar, com razão, de que este que represento não seja verdadeiramente eu. Como nas neuroses, passo a exigir provas de realidade identitária, duvido então da própria perversão, mas diferentemente das neuroses, aqui já não tenho o recurso de manter congelada a suspeita sob forma de sintoma, a neurotização do núcleo perverso inviabiliza-o como selo de identidade, fazendo com que se o tente recuperar no seio do real. Mas isso já nos levaria ao problema da crença psicótica, lugar de passagem quase inevitável da cura da perversão, onde poderemos compreender melhor esse surpreendente, mas não incomum, fenômeno de expulsão (não de confusão, como geralmente se imagina) da identidade para a realidade.

O verdadeiro repto lançado ao analista pela crença por preconceito, característica das perversões, é o de poder manter-se nela, sintonizado com ela, não lhe exigindo ser outra coisa, neurose ou psicose. Pois sua essência repugna e contraria frontalmente o estatuto geral da operação analítica, ou seja, o jogo dos possíveis. Como permanecer analiticamente simpático à rejeição de tudo, exceto de uma só coisa? O analista tende, de hábito, a tentar trabalhar com as "áreas sadias" do cliente, o que significa simplesmente ignorar ou rodear o cerne do problema. Posto que falando constantemente da perversão, podemos nunca penetrar em seu universo. Seria preciso instalar-se, ao invés, no centro dessa lógica emocional terrível, onde o ser é só ser assim, para devagar ir atraindo ao núcleo perverso os elementos desacreditados da representação de identidade/realidade, até que estes possam, numa explosão, controlada tanto quanto possível, enriquecer a monotemática repetição do mesmo, com variações cada vez maiores, no sentido de alargar tal núcleo, para que este abarque porções muito amplas da personalidade do cliente. E ainda assim, nunca se pode estar seguro de que deixe de ocorrer o desmoronamento catastrófico das bordas representacionais. A crença por preconceito instiga o analista à repugnância, naturalmente, na medida em que apela para seus próprios preconceitos e perversões, de forma que este se sinta sempre tentado a mudar de assunto, vale dizer, a querer explicar a perversão. Contudo, a perversão é precisamente o que não se explica, conquanto explique tudo, toda a visão de mundo do paciente. Destarte, é mister que a interpretação se resigne a ser repetidamente centrípeta, trazendo distintos elementos da auto-representação do analisando ao centro mesmo irradiador de confiabilidade ou crença, para que em cada passagem recebam, por assim dizer, o batismo de fogo, sejam testados à luz do núcleo perverso, onde o ser individual refugiou-se, a fim de ganharem algum valor identitário e alguma realidade. Pensar como o perverso o diverso, eis um desafio e tanto.

No trabalho analítico com pacientes psicóticos, o problema do manejo técnico da crença é talvez mais vital do que nos demais tipos clínicos tradicionais. Seguindo a mesma trilha do capítulo anterior, estudemos a clínica da crença psicótica sob o prisma do desmoronamento das bordas do reino das exceções identitárias. Não estaremos forçando demasiado a situação ao considerar a crença psicótica como uma espécie de resultado extremo da expulsão do núcleo identitário perverso, pois tanto este tipo de paciente protege-se, por sua dinâmica restritiva, da condição psicótica, como o pré-psicótico tem, via de regra, sua função de crença alterada para funcionar na forma-preconceito, como já o discutimos anteriormente. Para o preconceituoso, assim como para o perverso e para o pré-psicótico, os mundos externo e interno dividem-se entre representações convencionais, qualquer que seja a convenção particular, e exceções. A exceção existe também para o sujeito normal ou neurótico; na periferia da superfície de representação, a que antes aludi, uma zona de penumbra é ocupada por figuras que combinam identidade e realidade, testemunhando a origem comum, que a crença nega tão enfaticamente, dessas duas áreas da representação psíquica — pois realidade e identidade surgem do real. São tais exceções periféricas da vida comum todas as quimeras e assombrações de que descremos, todas as formas de ser que juramos não serem nossas ou nem existirem, tudo aquilo enfim que negamos por muito o temer. Cada um de nós decerto conhece as suas próprias exceções: é o que não existe, mas o espia por trás... É que a crença, para funcionar bem, deve sacrificar parte considerável das representações intermediárias das operações psíquicas, cujo desinvestimento é reaproveitado para fortalecer as representações finais, bem aceitas, os eixos centrais do sistema representacional. Em particular, a representação da origem dos estados psíquicos e a dos passos da diferenciação entre realidade e identidade — ou, mais profundamente, entre real e desejo — são prudentemente suprimidas de nossa vida mental. Tanto as passagens que formam o desejo a partir do real, quanto a maneira pela qual a realidade é construída subjetivamente são desrepresentadas ativamente, e o pouco que escapa de tal supressão é desacreditado, no sujeito normal. Ora, a forma-preconceito maximiza essa operação. Uma vez que só um mínimo é aceito como sendo verdade, a zona penumbrosa das exceções cresce ao ponto do desmoronamento.

Quando este se dá, já vimos, é como se todos os demônios fossem soltos ao mesmo tempo — entendendo-se por demônios, claro, as formas híbridas de realidade e identidade. Então, o psicótico — porque agora já o é — está condenado a escolher entre dois males. Ou habitar um mundo anterior à ordenação que separa real e sujeito, em perpétua confusão, onde sua identidade é apenas um dos elementos de uma realidade animada por intenções subjetivas perturbadoramente malignas, ou reordenar o sistema de representações, de maneira rápida, arbitrária e geralmente defeituosa. Ou seja, ele deparou-se de mau jeito com um nível de verdade insuportável. O que geralmente ocorre é a reafirmação brutal do núcleo identitário anterior que, no entanto, passa a ser atribuído à realidade: se antes o paciente estabelecera por convenção ser o centro do mundo, por exemplo, agora acredita talvez que foi efetivamente coroado imperador do universo, se antes decidira existir para a droga, quem sabe agora considere-se uma droga perigosa circulando nas artérias do mundo. Assim nascem os delírios, do ponto de vista da crença. Já não se suspeita, como na neurose, nem se descredencia, como na perversão; as representações axiais da identidade são preservadas, todavia já não fazem parte da superfície interna das representações, elas se provam cabalmente, são consideradas parte da realidade, concretizam-se, são realizadas, tornam-se coisa. Sobra, não obstante, uma necessidade de mostrar e demonstrar constantemente a veracidade da projeção da identidade — tenho de provar que estou sendo perseguido de fato, endeusado de fato, humilhado de fato —, remanescente da forma-suspeita, que agora deve garantir que certa classe de realidade identifica mesmo o sujeito, através da narrativa delirante.

Pois bem, trazer de novo a identidade realizada para seu reino de origem é a tarefa ingrata que o analista tem de cumprir na terapia das psicoses. Nem sempre ela é possível, sabemos bem. A crença psicótica desloca sem cessar o trabalho interpretativo, incluindo-o no sistema delirante, ou desqualificando-o como irrelevante. Como nas demais situações clínicas, é indispensável que o terapeuta possa aliar-se à crença dominante, para usar sua força no sentido da cura. Em suma, requer-se do analista agora nada menos que uma capacidade de delírio lúcido, para que se mantenham minimamente críveis suas palavras. Ainda assim o sucesso da empresa é sempre discutível, pois o caminho da reconstituição da identidade psicótica passa pela própria diferenciação entre real e desejo que assinala a invenção do indivíduo humano. Mesmo descontando nosso extenso desconhecimento atual das causas concretas das psicoses, como a interferência de fatores somáticos, por exemplo, o simples escolho da crença psicótica torna problemática qualquer tentativa de fazer navegar o barco da análise desses pacientes. Problemática, mas fascinante, e de qualquer modo digna de ser ensaiada, sobretudo porque a função da crença é abertamente tematizada pela lógica delirante, própria das psicoses. Há, por conseguinte, uma vasta porta de entrada para a ação analítica, ao contrário do que se observa nas perversões. Assumindo a posição de delírio lúcido, o analista pode fazer-se incorporar no sistema lógico de seu cliente, cedendo uma parte de sua atividade mental para que funcione segundo as regras extravagantes da crença psicótica. A função da suspeita passa, portanto, a colaborar com ele, pois a necessidade de provar a identidade realizada do psicótico constitui um último elo entre os resíduos da identidade anterior e a nova forma de ser: é que a afirmação identitária como realidade, se bem cumpriu o desiderato inicial da suspeita, não a aboliu como função. Agora são as representações prévias ao desmoronamento — como o nome original e filiação, ambiente social, opiniões costumeiras, amores e lembranças etc. — que atraem e problematizam a identidade expulsa para o real. Aqui, ao contrário do que se passa nas neuroses, a análise opera no mesmo sentido da crença em forma-suspeita, já não flutua sobre ela, mas pode estudar à vontade as entranhas expostas de seu funcionamento. O campo da psicose nas análises comuns, assim como a análise de pacientes psicóticos, principalmente nas formas delirantes, deve enriquecer nosso conhecimento ainda precário da função da crença, que prima por se fazer desconhecida e inaparente em condições normais; assim como, reciprocamente, o desenvolvimento da investigação sobre esta função oferecerá, imagino, melhores instrumentos para o trabalho analítico com pacientes psicóticos.

4

Ao longo deste livro, avançamos paulatinamente a partir dos exercícios mais naturais da função da crença, caso, por exemplo, da crença que investe e sustenta as percepções, rumo à sua forma mais estranha, a crença delirante e a clínica que lhe corresponde. Parecia a princípio que, chegando ao delírio, poderíamos observar com absoluta clareza a operação que denominamos crença. E assim é, num certo sentido, pois o caráter de sustentação das representações faz-se ver muito explicitamente na condição delirante. Não obstante, é como se o delírio, ao transformar a dimensão identitária da representação num problema a ser resolvido na realidade, houvesse prescindido da função da crença. Ela se mostra aqui particularmente frágil, justamente porque sua ação é manifesta, tematiza-se a cada momento no discurso delirante, mas sobretudo porque a representação delirante é quase que só uma crença em forma-suspeita: é um estado onde a representação é pouco mais que o trabalho de *crença na representação*.

Este fato complica notoriamente a operação analítica, já que todas as interpretações convencionais oferecidas a um paciente delirante chocam-se de frente com a crença na representação visada interpretativamente, demandando um trabalho metodologicamente mais rigoroso, como vimos há pouco.

A que se deve a posição tão peculiar da crença delirante? Penso que à própria especificidade da representação típica do delírio. Um delírio ambiciona explicar absolutamente o mundo e o sujeito. Todos os pormenores da identidade são justificados e suas causas delirantemente explicadas à saciedade. O delirante tenta iluminar com perfeição os próprios mecanismos intrínsecos ao funcionamento psíquico, questiona a memória e o entendimento, é um psicólogo obcecado, isto é, persistente e ofuscado, ao mesmo tempo, pelo excesso de visibilidade. Escrutina também a realidade inteira, detém-se a descrever aquilo que para o homem normal nem sequer existe. A razão delirante é um sol a pino, inclemente e ávido: não produz qualquer zona de penumbra refrescante nem autoriza regiões de indiferença e, ao pretender devassar tudo em pormenor, fica cego o delírio para os sentidos do quotidiano, o verdadeiro lar dos homens. Mais que o conteúdo das explicações que propõe, é o projeto de tudo esclarecer que torna absurdo o pensamento delirante, porque, afinal,

ANDAIMES DO REAL: PSICANÁLISE DA CRENÇA

o que é mais razoável em nossa vida comum é não estarmos obrigados a ter razão em tudo. Entretanto, a verdadeira extensão dessa absurda proposta de visibilidade radical só se revela por inteiro quando nos damos conta de que o delírio procura, e até certo ponto consegue, evidenciar mesmo a origem das representações. Claro, é neste ponto exato onde sua razão se perde, pois a revelação da origem mata a eficiência da representação; mas é também seu êxito maior, uma vez que as origens das representações acabam por ser representadas, embora distorcidamente. As raízes sociais, a fisiologia e a psicologia dos atos mentais, e acima de tudo sua lógica de produção passam da obscuridade à luz e da suposição teórica à explicitação empírica.

Nada nos impede de imaginar que um delírio perfeito — ou seja, a transformação mais radical e completa da atividade psíquica em delírio — exigiria que cada representação viesse acompanhada da explicação integral de sua origem. Nesse sentido, ao representar o mundo inteiro e a origem da própria representação, manifesta o delírio a vocação secreta da superfície representacional. Levada às últimas e absurdas conseqüências, toda representação tem por meta ideal o delírio. Só por não ser perfeita, a representação pode funcionar a contento, já que se poderia muito bem definir o delírio como a coincidência da representação com a representação da própria origem da representação. Logo, o ato clínico que pretende curar a representação de seu destino delirante deve ampliar sua imperfeição, suas sombras e sobretudo aquilo que se entremostra nas sombras e nas crises da representação: seu potencial gerador de diferenças consigo própria. À ampliação desta brecha, por onde pode a representação progredir criativamente, chamamos *ruptura de campo*.

Ora, não estamos tão distantes do início desta investigação a ponto de termos esquecido seu umbral; paradoxalmente, a iluminada e terrivelmente luminosa descrição homérica do escudo de Aquiles[24]. Lá, era inventado o modo ocidental de representação, o primado da clareza, da distinção e da perfeita explicação das origens. Se a pausa para a representação tomasse conta da vida por inteiro, não teríamos nosso mundo convertido num imenso delírio? E não encontramos, em meio das magníficas figuras do escudo divino, a figura do não

---

24. Auerbach é taxativo ao apontar a "necessidade do estilo homérico de não deixar nada do que é mencionado na penumbra ou inacabado". *Mímesis, A Representação da Realidade na Literatura Ocidental*, Ed. Perspectiva, 1976, p. 3.

menos divino bardo a tocar sua lira? Mas delírio é a representação que contém sua própria autoria, que se representa enquanto representação, a foto que se fotografa, o quadro que se pinta. No futuro da representação ocidental encontramos pois o delírio, pessoal ou social, não como um acidente ou desvio do percurso, mas como inerente vocação.

Um problema sempre interessante, porém em geral irrespondível, é o de tentar revestir com palavras o processo de ruptura de campo. No interior dessa crise — que evidentemente ultrapassa em muito o alcance da prática analítica, sendo uma dimensão intrínseca do psiquismo, no sentido mais amplo do termo, individual ou social —, a representação que se encaminha para o delírio encontra cura. É uma pausa para a crise da representação, a ruptura de campo. Como, pois, enunciá-la por meio de representações?

Alguns séculos depois de nosso mundo ocidental de representações ter sido forjado por Hefesto, se é que os mitos admitem cronologia, um velho historiador renunciava a seu cargo de encarregado dos arquivos do estado de Chu e, caminhando para oeste, atravessava um passo, cujo guardião, reza a lenda, pediu-lhe que escrevesse um livro para sua própria instrução, uma vez que o velho pretendia deixar definitivamente o mundo para trás — mas é possível também que tal homem não tenha existido, seu livro sendo uma antologia de ditos da época. Para manter a tensão com Homero, o inventor humano do escudo representacional, no qual se teria feito representar e à sua obra, podemos imaginar haver sido um homem, Lao-Tse, um historiador centenário, quem sabe um pouco desiludido com a decadência de seu estado natal e disposto a jamais deixar-se iludir de novo. Foi assim talvez que ideou um *manual antidelirante*, uma pedagogia da desilusão, o qual principia por declarar sua intenção radical — desnomear o campo gerador, qual um delírio às avessas, como o contrário de um delírio: "O Tao que se pode dizer/ Não é o Tao constante; / O nome que pode ser nomeado/ Não é o nome constante". Nele, se ensina o caminho (Tao) que não pode ser ensinado, porque "quem sabe não fala e quem fala não sabe".

Neste livro impronunciável, de discutível autoria e sem leitores possíveis, Lao Tse enumera as categorias que, cortando pela raiz a pretensão de representar completamente seja lá o que for, afastam a ilusão e impossibilitam virtualmente o projeto delirante de visibilidade total do mundo. No objeto, o Tao "cega o corte; desfaz o nó; modera o brilho", portanto a coisa é "sombria e indistinta". Sua origem, ou seja, a do mundo e a do sujeito, não se pode prestar à representação torturada e egocêntrica, pois "o caminho gera o um, o um gera o dois, o dois gera o três, o três gera a miríade de criaturas" da superfície representacional — de que se sabe apenas que são "nascidas de Algo, e o Algo, do Nada". Enquanto representação de origem, o Tao é uma espécie de negativo do delírio, supremacia do vazio e da contradição livremente assumida.

Pois bem. Pressentindo talvez a multidão de representações autoritárias que assolaria o mundo que acabava de inventar, com seu cortejo de guerras gloriosas e massacres mesquinhos, e a loucura que inevitavelmente assolaria o adepto mais perfeito da clara representação, não é impossível que, escapando do Hades e das antologias literárias, Homero se decidisse a procurar Lao-Tse, para um conciliábulo terapêutico, quem sabe a primeira das psicanálises. Lá, nas nevoentas paragens onde o real forja a humanidade, teriam comparado suas criações literárias e o pensamento nelas gravado. De um lado, a clareza meridiana votada talvez ao delírio, de outro, aquela penumbra contraditória que parece votada à estagnação contemplativa. Uma criação mais a outra poderiam quem sabe somar representação e crise da representação, produzindo um texto final que, este sim, saberia enunciar plenamente os arcanos de toda ruptura de campo, ou seja, representar o próprio inconsciente em sentido absoluto. E, lá sentados, em meio às névoas do real, haveriam de rir-se da piada monumental: Aquiles, o de pés ligeiros, correndo pelo caminho do Tao em passos céleres, impotente a perseguir uma lenta tartaruga, esta sempre um pouco à frente e inalcançável, em cujo casco algo está gravado, algo porém que a bruma nos impede de ler...